EWALD KÖNIG

# MENSCHEN |
# MAUER |
# MYTHEN |

h. k.

# EWALD KÖNIG

# MENSCHEN | MAUER | MYTHEN |

Deutsch-deutsche Notizen
eines Wiener Korrespondenten

mitteldeutscher verlag

2014
© mdv Mitteldeutscher Verlag GmbH, Halle (Saale)
www.mitteldeutscherverlag.de

Alle Rechte vorbehalten.

Gesamtherstellung: Mitteldeutscher Verlag, Halle (Saale)

ISBN 978-3-95462-133-0

Printed in the EU

# INHALT

## FLÜCHTLINGE

## PRESSEKONFERENZ

## MAUERFALL

# KORRESPONDENT
# IN BONN UND BERLIN

# SCHAUT AUF DIESE STADT!

Schon alles über Mauerfall und Wiedervereinigung gelesen? Aber noch nicht von mir!

„Ihr Völker der Welt! Schaut auf diese Stadt!", appellierte Berlins Bürgermeister Ernst Reuter am 9. September 1948, lange vor dem Bau der Mauer und kurz vor den Staatsgründungen von BRD und DDR, inmitten von Berlin-Blockade und Luftbrücke.

Schaut auf diese Stadt! Genau das tun die Korrespondenten, die in Berlin akkreditiert sind. Der Verein der Ausländischen Presse (VAP), gegründet 1906, ist die älteste Journalistenorganisation Deutschlands und eine der ältesten der Welt. Mehr als ein Jahrhundert lang schauen wir Korrespondenten auf diese Stadt, die uns überreichlich Material für unsere Berichte in alle Welt bietet.

Als Deutschland-Korrespondent der Wiener Zeitung „Die Presse" habe ich die österreichischen Leser über die Wendezeit und Wiedervereinigung auf dem Laufenden gehalten. Ich habe in Bonn und in Ostberlin gearbeitet, bin über Jahre hinweg zwischen beiden Welten gependelt und verfolgte die Entwicklung in West und Ost synchron. Die meisten Journalisten waren nur für eine Perspektive zuständig, für die Bonner, die Westberliner oder die Ostberliner Sicht. Korrespondenten, die sowohl in der BRD als auch in der DDR akkreditiert waren, waren ganz seltene Ausnahmen. Als Korrespondent aus einem neutralen Land war ich eine solche Ausnahme.

Ich entführe Sie in diesem Buch auf meinen damaligen Logenplatz der Zeitgeschichte – in die Leipziger Straße in Berlin-Mitte mit Blick über die ganze Stadt, die gar keine ganze Stadt war. Ich stelle Ihnen meine Bonner und meine Berliner Nachbarn vor, die Spione und Waffenhändler waren, lasse Sie an den Montagsdemonstrationen, an Prügelszenen und Flüchtlingstragödien teilhaben, nehme Sie mit auf den ersten deutsch-deutschen Direktflug, zeige Ihnen die Wende-hälse, schildere, wie ich als einziger Österreicher Günter Schabowskis Grenzöffnung auf der Pressekonferenz erlebt habe und welche Legenden vom 9. November 1989 nicht auszurotten sind. Ich lasse Sie die Wahnsinnsnacht des Mauerfalls und die nicht minder un-glaubliche Nacht des DDR-Nachrichtendienstes ADN miterleben, erkläre Ihnen, warum der Fall der Mauer nicht nur für Taxifahrer, sondern auch für viele Familienväter ein Problem war, und richte nicht zuletzt Ihren Blick aufs Wetter, das zur Wendezeit eine wich-tige politische Rolle gespielt hat. Dass die Bundesstiftung zur Auf-arbeitung der SED-Diktatur meine Berichte in ihr Zeitzeugenportal aufgenommen hat, ist mir eine große Ehre.

Ein Vierteljahrhundert ist die Wende alt. Ich bin in Berlin geblie-ben und längst nicht mehr für „Die Presse" tätig, sondern Heraus-geber und Chefredakteur des europapolitischen Online-Mediums www.EurActiv.de. Im Haus der Bundespressekonferenz in Berlins Regierungsviertel sehe ich täglich den Mauerstreifen, der zwischen den vier Olivenbäumen in den Atrium-Boden eingelassen ist; mitten in der Hauptstadt eines Landes, das heute kaum noch in Wessis und Ossis geteilt ist, sondern in Aldi Süd und Aldi Nord, und in dem junge Deutsche den Eisernen Vorhang für ein Ikea-Produkt halten mögen.

# KORRESPONDENT AUS WO?

Der Frankreich-Korrespondent sitzt in Paris und berichtet über Frankreich. Der Italien-Korrespondent sitzt in Rom und berichtet über Italien. Der USA-Korrespondent sitzt in Washington und berichtet über die USA. Das war von Anfang an so. Aber der Deutschland-Korrespondent?

Es hat verdammt lang gedauert, bis man ganz einfach sagen konnte: Der Deutschland-Korrespondent sitzt in Berlin und berichtet über Deutschland.

Unbefangene ausländische Beobachter mussten sich erst an begriffliche Feinheiten gewöhnen. 1985 kam ich als 29-jähriger Journalist nach Bonn, wohin mich „Die Presse" als ihren Deutschland-Korrespondenten entsandt hatte. Welche sprachlichen Fallen im Lauf der Jahre auf einen nichtdeutschen Journalisten warteten, war mir nicht sofort klar. Allein schon das Wort: Deutschland-Korrespondent.

<u>Zum Beispiel Bonn</u>: Bonn, früher Synonym für die Bundesregierung, war all die Jahre nur provisorische Hauptstadt und hieß trotzdem Bundeshauptstadt. Als Regierung und Parlament von Bonn nach Berlin zogen, ließen sie das „Bundes" zurück. Bonn darf sich seither offiziell Bundesstadt nennen. Bis dahin war es als Bundesdorf verspottet worden.

In Berlin kamen sie ohne dieses „Bundes" an. Kein Mensch spricht von Berlin als Bundeshauptstadt. Berlin ist: Hauptstadt.

Aber längst nicht für alle. Aufschlussreich war, was der frühere Chef der Berlin-Tourismus-Marketinggesellschaft (BTM), Hanns Peter Nerger, einmal ausplauderte. Nur im Ausland werbe die BTM offensiv mit Berlins Hauptstadtfunktion, und das sehr erfolgreich. Aber in Deutschland selbst, wo sie den Inlandstourismus nach Berlin lenken wollte, vermied die BTM die Erwähnung Hauptstadt. Denn bei den Deutschen sei das Hauptstadtthema lange Jahre gar nicht gut angekommen. Das BTM-Problem ist mittlerweile entschärft, auch wenn immer noch manche Deutsche aus voller Überzeugung nicht nach Berlin fahren. Aber wundern darf sich ein ausländischer Beobachter schon ein bisschen.

Zum Beispiel ehemalige DDR: Ein bemerkenswerter Reflex: Immer wenn von der DDR die Rede ist, heißt es automatisch „ehemalige DDR". Es würde doch genügen, einfach von der DDR zu sprechen. Die DDR ist genau definiert: Es gab nur die eine von 1949 bis 1990. Es gibt ja keine Nachfolge-DDR, was eine solche Differenzierung nötig machen würde.

Man sagt ja auch nicht „ehemalige Weimarer Republik", und niemand spricht von der „ehemaligen D-Mark". Es scheint, als wolle man mit dem Zusatz „ehemalige" den Ostdeutschen ständig in Erinnerung rufen, dass sie von gestern sind, vorbei und vergangen. Es klingt, als wolle man gegen den Beigetretenen nochmals nachtreten. Genau genommen müsste man von der „ehemaligen Bundesrepublik" sprechen. Das wäre sinnvoll, um die alte Bundesrepublik mit den elf von der neuen mit den 16 Bundesländern zu unterscheiden. Aber „ehemalige Bundesrepublik"? Natürlich sagt das niemand.

Zum Beispiel neue Länder: Nach der Wende hatten manche Ostdeutsche ihre Probleme mit den neuen Bezeichnungen. Als ich den

Mein Mazda 929 in der DDR. Das Kennzeichen QA 43-01 lässt sich leicht entschlüsseln: QA = akkreditierter ausländischer Korrespondent, 43 = Österreich, 01 = Bürochef. Als einziger österreichischer Korrespondent mit Akkreditierung und Autokennzeichen hatte ich selbstverständlich „01". Der Aufkleber „Die Presse" zeigt meinen damaligen Arbeitgeber. Meine Söhne Maximilian, Florian und Sebastian (v. l.) aus Bonn sind nach dem Mauerfall zu Besuch in Berlin. (Foto: Ewald König)

DDR-Jazzmusiker Ernst-Ludwig Petrowsky interviewte, verwechselte er konsequent die Begriffe alte und neue Länder. Es war keine Absicht. Er erklärte mir, warum er sich so oft irrte: Im DDR-Erbe sei doch alles alt und verrottet gewesen, und trotzdem müsse man dazu neue Länder sagen. Und den Westen, wo für Ossis alles neu glänzte, müsse man alte Länder nennen. „Da komme ich gefühlsmäßig immer durcheinander."

Irritierend ist das mit den „alten Ländern" außerdem, weil die Alterspyramide die neuen Länder zu den eigentlich alten macht. Die Ex-DDR hat einen Bevölkerungsschwund wie zu Zeiten der Pest. Die Jungen gehen in die alten Länder im Westen, die Alten bleiben in den neuen Ländern.

<u>Zum Beispiel Ostdeutschland</u>: Auch „Ostdeutschland" ist nicht optimal und kann verletzend wirken: „Jetzt gehören wir endlich zum Westen, was wir doch immer wollten", meinte Burghard Mooshammer, einst Regisseur im „Palast der Republik". „Wir wollen nichts mehr hören, was mit ‚Ost' beginnt!"

Und „Mitteldeutschland"? Kann, aber muss nicht revanchistisch gemeint sein. Teils steht es für die ganze Ex-DDR als Synonym für Ostdeutschland, teils nur für die drei Bundesländer Sachsen, Thüringen und Sachsen-Anhalt. Dass der Begriff im Mitteldeutschen Rundfunk, in der „Mitteldeutschen Zeitung" und im Mitteldeutschen Verlag fortlebt, regt niemanden auf. Die Bevölkerung weiß, dass ihr Territorium in Mitteldeutschland liegt, würde sich selbst aber nie als Mitteldeutsche bezeichnen lassen.

<u>Zum Beispiel Beitrittsgebiet</u>: Besonders Eilige sprachen lange Zeit von den „FNL", den „fünf neuen Ländern". Oder von Neufünfland. Oder immer noch von der „Zone". Viele Funktionäre aus Politik und Wirtschaft glaubten, sich mit „Beitrittsgebiet" elegant aus der Verlegenheit zu stehlen. Auch auf amtlichen Formularen wurde der Begriff gern verwendet. Wie erniedrigend es für manche Betroffene gewesen sein mag, aus einem „Beitrittsgebiet" zu kommen, hat Wessis wenig gekümmert.

Originell fand ich einen Lokalpolitiker aus Brandenburg. Er sprach in einer Pressekonferenz über die westlichen Bundesländer und sagte: „Na, Sie wissen schon, die RICHTIGEN Bundesländer …"

<u>Zum Beispiel Bundesrepublik</u>: Aber auch vor der Wiedervereinigung war es schon schwierig, sich politisch korrekt auszudrücken. Da war Westdeutschland meist nur „die Bundesrepublik". Obwohl das wenig sympathisch klingt, drückt es doch nur die Staatsform aus. Und dauernd „Bundesrepublik Deutschland" zu sagen, ist etwas mühsam. Das passte ja auch in keine Zeitungsüberschrift.

<u>Zum Beispiel BRD</u>: Doch wehe, man sagte BRD. Das provozierte viele, weil es von der DDR-Nomenklatur übernommen schien, obwohl dem Kürzel überhaupt nichts Ehrenrühriges anhaftet. Sehr wohl dagegen dem DDR-Kürzel aus westlicher Sicht, weshalb die Springer-Journalisten die DDR stets in Gänsefüßchen setzen mussten, bis knapp vor dem Zusammenbruch des Staates.

In der DDR wiederum sprach man über den Klassenfeind nur von BRD und nie von Bundesrepublik.

<u>Zum Beispiel DDR</u>: Umgekehrt bezeichnete Erich Honecker selbst sein Land nicht als DDR, sondern konsequent als Deutsche Demokratische Republik. Wobei er das Kunststück fertigbrachte, das Wortungetüm in einer einzigen Silbe zu nuscheln.

<u>Zum Beispiel Berlin</u>: Die Teilung Berlins strapazierte nicht nur die Bewohner, sondern auch die Bezeichnung der Stadt. Ob West-Berlin oder Westberlin oder Berlin (West): Allein schon an der Art der Ortsangabe ließ sich ablesen, a) woher einer kommt und b) wo er politisch steht.

Was man im Westen Ostberlin beziehungsweise Berlin (Ost) nannte, hieß im Arbeiter- und Bauernstaat offiziell zunächst „Berlin, Hauptstadt der DDR". Später hatte man zu schreiben: „Berlin (Hauptstadt der DDR)". Das Wort Ostberlin war in der DDR tabu. Als ich in Bonn in der Ständigen Vertretung der DDR mein erstes Reisevisum beantragte und als Ziel nichtsahnend „Ostberlin" schrieb, zerriss der Beamte mein Formular.

Wollte man geografisch in den Berliner Norden, musste man politisch in den Osten; wollte man geografisch in den Berliner Süden, ging's politisch in den Berliner Westen.

<u>Zum Beispiel Westdeutschland</u>: Auch heute noch, lange nach der Wiedervereinigung, sagen viele Berliner, sie fahren nach West-

deutschland (und meinen es anders, als wenn sie Süddeutschland sagen würden).

Westberliner sagen immer noch, sie fahren in den Osten, selbst wenn sie in westlicher Richtung nach Brandenburg oder Magdeburg fahren. Ganz abgesehen davon, dass Westberliner fast nie in den Osten fahren. Und umgekehrt Ostberliner nicht in den Wannsee baden gehen würden. Aber die Himmelsrichtung ist ohnehin egal. Eigentlich ist rund um Berlin immer Osten. Und genau genommen ist Berlin es selber auch.

Zum Beispiel Wiedervereinigung: All die Namenshürden gehören sicherlich zu den kleineren Problemen der deutschen – ja, was eigentlich? Wiedervereinigung ist zwar am gebräuchlichsten, doch verweisen Puristen darauf, dass es ganz korrekt nur Vereinigung heißen müsste.

Wie auch immer - es geschieht nicht so häufig, dass sich das Revier eines Korrespondenten von 60 auf 80 Millionen Menschen vergrößert und von elf auf 16 Bundesländer erweitert. So etwas passiert in der Regel nur Kriegsberichterstattern. Das blieb mir gottlob erspart.

Zum Beispiel Deutschland: Wie unkompliziert ist das heute, einfach BERLIN und DEUTSCHLAND sagen zu können. So kann ein Korrespondent, analog zu den Kollegen in Paris, Rom oder Washington, ganz normal behaupten: „Ich bin Deutschland-Korrespondent und berichte aus Berlin."

# „DIE MAUER, WIE SIE DAS NENNEN"

---

Natürlich spielen bei der 750-Jahr-Feier Berlins
im Jahr 1987 die Mauer, die Teilung und der
Schießbefehl eine zentrale Rolle. Im selben Jahr
beeinflussen auch Ronald Reagan und ungarische Feldhasen die Geschichte der Grenzanlagen.
Ohne es zu wollen, sprenge ich eine Pressekonferenz im Roten Rathaus.

---

Es ist im Mai 1987, mehr als zwei Jahre vor dem Fall der Mauer. Die
ganze Stadt feiert ihren 750. Geburtstag. Nicht gemeinsam, dafür
doppelt. Einmal hüben, einmal drüben. Zu gemeinsamen Feierlich-
keiten haben sich Ost und West nicht durchringen können. Gegen-
seitige Einladungen wurden jeweils abgesagt.
Die Atmosphäre in der geteilten Stadt ist aggressiv aufgeladen, als
ich mit einer Gruppe internationaler Korrespondenten aus Bonn
Berlin (West) und Berlin (Ost) besuche.
Der Ostteil hat sich für das Jubiläum herausgeputzt. Rechtzeitig sind
die Dome am Platz der Akademie (heute Gendarmenmarkt) und
die Restaurierung des Nikolaiviertels fertig geworden, die schmucke
Simulation eines historischen Stadtkerns aus Plattenbauelementen.
Rechtzeitig konnte auch das Ephraim-Palais eröffnet werden. Spe-
ziell bei der Renovierung dieses Rokoko-Palazzo am Spreeufer hat
der Westen die Wirkung politischer Gesten verschenkt. Denn Ori-
ginalteile des Palastes waren seit Kriegsende in Westberlin gelagert

und wurden zur Renovierung an Ostberlin rückerstattet. So selbstverständlich war diese Kooperation ja nicht. Im Jubiläumsjahr 1987 hätte man politisch etwas daraus machen können.

## 300.000 HOSEN ZUSÄTZLICH

Unser Journalistenbus fährt auf Ostberlins Straßen an Plakaten und Transparenten wie diesen vorbei:

- „Wir produzieren 1987 300.000 Hosen zusätzlich für die Bevölkerung"
- „Mit Tatkraft und Initiative – Begeisterung zu Dauerleistungen"
- „All unser Können für die Erreichung des Titels: „Betrieb der gehobenen Qualität","
- „Mein Arbeitsplatz – Kampfplatz für den Frieden!"
- „Mit Berliner Tempo aufgedeckt, was in uns steckt"
- „Jugend, vereinige dich im Kampf, Frieden ist unser 1. Menschenrecht"

Am VEB Backwarenkombinat Berlin verrät eine rote Tafel mit weißer Schrift: *„Je stärker der Sozialismus, desto stärker der Frieden!"*
In der „Berliner Zeitung" heißt es an dem Tag im Bericht über Parteiwahlen in den SED-Grundorganisationen mit sechsspaltigem Titel: „Alle die Werktätigen bewegenden Fragen wurden schöpferisch beraten." Das „Neue Deutschland" schreibt über dieselbe Veranstaltung ebenfalls über alle sechs Spalten: „Parteiwahlen Angelegenheit des ganzen Volkes."
Bevor wir durchs VEB Werkzeugmaschinenkombinat „7. Oktober" geschleust werden, empfängt uns Oberbürgermeister Erhard Krack zum Pressegespräch im Wappensaal des Roten Rathauses.
Das ehedem gesamtberlinerische Rathaus diente zu DDR-Zeiten

natürlich nur dem Ostberliner Magistrat als Sitz. Westberlin hatte seine Stadtregierung und den Senat im geräumigen Rathaus Schöneberg unterbringen müssen. Ostberlin hatte den Oberbürgermeister, Westberlin den Regierenden Bürgermeister. Erst seit 1991 ist das Rote Rathaus wieder gemeinsamer Regierungssitz.

Rotes Rathaus heißt es weder wegen der damaligen SED-Funktionäre unter Erhard Krack noch wegen der späteren rot-roten Koalition (SPD, Linke) unter Klaus Wowereit. Der Name geht schlicht auf die Fassadengestaltung mit roten Ziegelsteinen zurück.

Der Oberbürgermeister stellt uns Hannelore Mensch und Wolfgang Schmahl als seine Stellvertreter vor. Die haben freilich kein Wort zu sagen.

Krack lässt ein zwölfseitiges Redemanuskript an die Korrespondenten verteilen, bevor er es Wort für Wort vorträgt. Zeit genug, um sich den Fußboden und die Portale aus rotem Marmor und die Fenster mit den Wappen der Berliner Bezirke anzusehen. Bemerkenswert, dass auch die Wappen der Westberliner Bezirke eingearbeitet sind. Indiz dafür, dass der DDR-Magistrat einmal ganz Berlin hatte vertreten wollen.

Dass Krack ein paar Tage vor dem Pressegespräch als Wahlleiter für Ostberlin an der Fälschung der Kommunalwahl beteiligt war und die SED-Ergebnisse hatte schönrechnen lassen, findet sich in seinem Vortrag nicht wieder. Der Anfang des Journalistengespräches verläuft sehr freundlich. Das Ende weniger. Dafür fühle ich mich verantwortlich – wenn auch nicht schuldig.

Vor mir fragt ein Kollege vorsichtig, wie Krack zur Mauer stehe. Kracks Antwort: „Die Mauer, wie Sie das nennen, ist ja die Staatsgrenze der DDR zu Berlin (West)." Sie sei, belehrt er uns, aufgrund bestimmter Bedingungen entstanden. „Denn wir mussten verzeichnen, dass wir ausverkauft werden." Gemeint sind der Verlust junger Arbeitskräfte, die in den Westen gehen, und der Ausverkauf von Kunstwerken und subventionierten Gütern.

Die Staatsgrenze der DDR zu Westberlin werde sich erst dann in ihrem Charakter verändern, wenn sich die Bedingungen dafür verändert hätten, sagt Krack. „Und wie schwer das ist, das hat ja wieder die Feier vom 30. April bewiesen. Alles andere wäre Fantasterei und Illusion." Damit spielt Krack auf die Besuchsabsage des Regierenden Bürgermeisters Eberhard Diepgen (vom Westteil der Stadt) zur 750-Jahr-Feier an.

Meine erste Nachfrage dazu – sie betrifft die Todesschüsse an der Mauer – ignoriert der Oberbürgermeister, als habe er sie gar nicht gehört. An meinem dezenten österreichischen Akzent dürfte es nicht gelegen haben. Ich mache einen erneuten Versuch zum Thema Schießbefehl und frage hartnäckig nach. Das reicht Krack. Statt zu antworten, erklärt er das Pressegespräch mit den Korrespondenten abrupt für beendet.

Das kommt etwas überraschend, auch für den damaligen Vorsitzenden der Auslandspresse, den Luxemburger Marcel Linden, der unsere Gruppe anführt. Der Krack'sche Abbruch ist aber ehrlicher als das hohle Gerede, das es sonst zu Fragen der Mauer zu hören gibt. Diplomaten beispielsweise, die damals nach der Zukunft der Mauer fragen, ärgern sich über diesen „permanenten Dialog für Taube" und die „ausgeleierten Grammofonplatten", wie sich später ein niederländischer Botschafter äußert. Das hat man uns Korrespondenten immerhin erspart.

## „NIEMAND HAT DIE ABSICHT ..."

Ein kurzer Rückblick. „Die Mauer, wie Sie das nennen": Hier ist Krack zu korrigieren. Denn das Wort „Mauer" hatten nicht feindselige Journalisten aufgebracht, sondern Walter Ulbricht höchstpersönlich. Bis dahin war der Begriff öffentlich nie gefallen. Weder vor dem 13. August 1961 noch die Monate danach fand man das Wort,

Erhard Krack, Oberbürgermeister Ostberlins, im Jubeljahr 1987 (Foto: Bundesarchiv)

schon gar nicht in offiziellen Dokumenten. Einer der westdeutschen Korrespondenten merkte rückblickend an: „Kein noch so emsiger Historiker fand bisher im Vorfeld des Mauerbaus einen Hinweis oder einen Beschluss eines SED- oder eines KPdSU-Gremiums mit dem Wort ‚Mauer‘.“

Das Wort war also Ulbricht selbst entfleucht. Das war übrigens ebenfalls auf einer Pressekonferenz. Annamarie Doherr von der „Frankfurter Rundschau“ hatte den SED-Chef am 15. Juni 1961 nicht nach Mauerplänen gefragt, sondern wollte nur wissen, wie er den Flüchtlingsstrom von Ost- nach Westberlin unterbinden wolle. Ulbricht damals, es war im Haus der Ministerien an der Leipziger Straße: „Ich verstehe Ihre Frage so, dass es in Westdeutschland Menschen gibt, die wünschen, dass wir die Bauarbeiter der DDR dazu mobilisieren, eine Mauer zu errichten. Mir ist nicht bekannt, dass eine solche Absicht besteht." Und dann der berühmte Satz: „Niemand hat die Absicht, eine Mauer zu errichten."

Das war nur zwei Monate, bevor mit dem Bau der Mauer begonnen wurde. Der Rest ist bekannt: In den frühen Morgenstunden des 13. August 1961 wurden Ostberlin und die DDR provisorisch mit Stacheldraht und Spanischen Reitern, aufgerissenen Straßen und Pflastersteinbarrikaden abgeriegelt, später durch den „antifaschistischen Schutzwall", eine feste Mauer aus vier Meter hohen Betonplattenwänden, Todesstreifen, beleuchtete Kontrollstreifen, Wachtürme. Auf Flüchtlinge schossen die jungen Grenzsoldaten ohne Vorwarnung. Der 18-jährige Peter Fechter aus Ostberlin war das erste Todesopfer. Er wurde im August 1962 angeschossen und verblutete. Das letzte Opfer war Chris Gueffroy im Februar 1989.

Meine Frage nach dem Schießbefehl auf der Pressekonferenz im Wappensaal war also durchaus legitim. Oberbürgermeister Erhard Krack war ihr nicht gewachsen.

Wenige Tage nach unserer Jubiläumsreise übrigens brachte US-Präsident Ronald Reagan ein klassisches Zitat nach Berlin. „Mister Gorbatschow, tear down this wall!" – Reißen Sie diese Mauer ein! Ein Zitat, von dem ihm seine eigenen Redenschreiber abgeraten hatten und das auch in Deutschland kritisch aufgenommen wurde. Es hätte den Kalten Krieg verschärfen und einen Atomschlag auslösen können …

Sogar noch 2008 stieß der Plan von Michael Reagan, dem Adoptivsohn des Präsidenten, zur Erinnerung an die Rede eine Gedenktafel in Berlin zu montieren, auf keinerlei Resonanz. Der US-Korrespondent Don Jordan (Bonn) war mit Alexandra Hildebrandt, der Leiterin des Berliner Mauermuseums, bei Michael Reagan in Los Angeles, bei der Ronald Reagan Stiftung mit der alten Air Force One und auf Reagans bescheidener Ranch. „Leider wird Ronald Reagan in Deutschland und Berlin keineswegs entsprechend gewürdigt", findet Jordan.

# FEHLALARME DURCH FELDHASEN UND EIN BESCHLUSS IN UNGARN

Ungefähr zur gleichen Zeit in diesem Jahr 1987 fiel in Ungarn eine politische Grundsatzentscheidung, die sich später für die DDR als letal erweisen sollte. Ungarn hatte kein Geld, um die verrotteten Überwachungsanlagen an der Grenze zu Österreich zu renovieren. Jede Nacht Dutzende Fehlalarme, ausgelöst durch Feldhasen und Vögel, das nervte die Grenztruppen.

Ohnehin diente der Eiserne Vorhang weniger dazu, die Ungarn im Land zu halten, die ja mit einem „Weltpass" ausreisen durften, sondern die DDR-Bürger und Rumänen am Ausreißen ins Nichtsozialistische Wirtschaftsgebiet (NSW) zu hindern. Die 2.000 Fluchtversuche pro Jahr an der 270 Kilometer langen Grenze betrafen nicht Ungarn, sondern zumeist DDR-Bürger. Für eine aufwendige Generalüberholung fehlten in Ungarn die Akzeptanz und die Mittel. Die Entscheidung von 1987 – Erhard Krack im Roten Rathaus und Erich Honecker im Staatsratsgebäude hatten davon noch keine Ahnung – führte zum Abbau 1989 und zum Ausbluten der DDR via Ungarn.

Nach dem Fall der Mauer und zur Öffnung des Brandenburger Tores übrigens ließ sich Krack zusammen mit Walter Momper feiern, dem Regierenden Bürgermeister aus Westberlin mit dem roten Schal. Wenigstens übernahm Krack dann die Mitverantwortung für die Wahlfälschungen von 1987, weshalb seine Haftstrafe auf Bewährung ausgesetzt wurde. Er starb 2000 mit 69 Jahren.

# LOGENPLATZ DER ZEITGESCHICHTE

Wie politisch konfrontativ die Plattenbauten in der Leipziger Straße von Berlin-Mitte waren, ahnt heute kaum einer der Durchrasenden. Wohnen zwischen zwei Welten, hart an der Grenze zweier Machtblöcke – mehr Mitte geht nicht. Die Leipziger Straße als Logenplatz der Zeitgeschichte. Ein Lokalaugenschein.

„Nie wieder will ich hier zu tun haben!" Das schwöre ich mir auf dem Betonmittelstreifen der Leipziger Straße in Berlin, Hauptstadt der DDR, ein paar Jahre vor der Wende.

Mitternacht ist längst vorbei, als ich den Checkpoint Charlie, den Ausländer-Grenzübergang, hinter mir habe und in der Hoffnung auf ein Taxi in die belebtere Leipziger Straße trotte. Novembernebel hängt zwischen den Plattenbauten. Kalte Nässe frisst die Schuhsohlen auf. Die Trabi-Luft ist zum Beißen dick. Kein Taxi, das mich samt Gepäck ins Interhotel bringt. Bei diesem Wetter interessiert sich nicht einmal die Staatssicherheit für mich, deren Hauptverwaltung II/13 ich sonst ein paar Eintragungen in der Karteikarte wert bin. Heute offenbar nicht. Ich schleppe den Koffer zu Fuß ins Devisenhotel Metropol (heute Maritim proArte) in der Friedrichstraße. Und genau an dieser Stelle der Leipziger Straße – exakt in dem Haus, vor dem ich damals geflucht hatte – zog ich später in meine Bürowohnung ein, die mir das DDR-Dienstleistungsamt für ausländische Vertretungen (DAV) zu meiner Akkreditierung als Korrespondent zugewiesen hatte. Als einer der ganz wenigen, die trotz des Bonner Wohnsitzes zeitgleich in der DDR zugelassen wurden. Strategisch gut gelegen, das Internationale Pressezentrum und der Checkpoint Charlie ganz nahe. In welch konfrontativen Wohnbau ich da eingezogen war, bekomme ich erst im Lauf der Zeit mit.

Lokalaugenschein: Die Plattenbauriegel auf der einen Seite der Leipziger Straße, Stahlbetonskelettmonstren auf der anderen. Bollwerke auch heute noch. Warum sie „Springerdecker" genannt wurden, sei später verraten.

Mitte heißt der Bezirk, er liegt zwischen Kreuzberg und Prenzlauer Berg. Berg! Ortsunkundige könnten meinen, Mitte liege in einem Tal. Dabei überragt meine Wohnung im elften Stock (nach DDR-Zählung war es der zwölfte) vermutlich die höchsten Erhebungen dieser „Berge".

## DIE TUGEND VON GEGENÜBER

Meine Gegenübernachbarin auf der Nordseite ist die Tugend in Person. Wortwörtlich gemeint. Die „Siegende Tugend" ist eine sieben Meter große Allegorie, komplett vergoldet. Sie ziert die Kuppel des 70 Meter hohen Deutschen Doms und wacht protestantisch-sinnenfeindlich über dem Gendarmenmarkt. Sie sollte die Berliner im Auftrag von Friedrich II. stets an die preußischen Tugenden erinnern. Aber niemand beachtet sie da oben. Außer mir.

Abgesehen von meiner Tugend habe ich alles im Blick, dessentwegen Touristen nach Berlin kommen: Berliner Dom, Synagoge, Bode-Museum, Hedwigs-Kathedrale, die Türme von Marienkirche und Rotem Rathaus und natürlich den Fernsehturm, später auch die Spitze des Sony-Centers und die Reichstagskuppel. Zum Greifen nah stehen der Deutsche und der Französische Dom (beide waren freilich nie Dome) auf dem Gendarmenmarkt, der Nobelbühne von Mitte, der als einer der schönsten Plätze gilt. Nach Süden fällt der Blick auf den in der Abendsonne goldglänzenden Axel-Springer-Bau.

Mein Plattenbau in der Leipziger Straße stand damals hart an der Grenze zweier Machtblöcke. Heute steht er genau dort, wo auf dem Berlin-Stadtplan ein Zirkel seinen Einstich hätte. Mehr Mitte geht nicht.

Abgesehen davon, dass Berlin eigentlich gar keine Mitte hat, liegt sie hier in der Leipziger Straße. Die Kartografen messen von hier aus alle Entfernungen von und nach Berlin. Die Kilometerangaben auf den Autobahntafeln Richtung Berlin beziehen sich allesamt fast punktgenau auf den Standort meines Plattenbaus. Auch die U-Bahn-Station um die Ecke heißt „Stadtmitte".

Zentral zu wohnen, heißt aber auch: 80.000 Autos pro Tag brausen hier vorüber. Als wollten alle 2,1 Millionen Westberliner und die 1,3 Millionen Ostberliner tagtäglich an uns vorbei die Stadthälfte wechseln. Kräne, Bagger, Presslufthämmer, alles, was Lärm, Abwechslung und Straßensperren bringt. Typisch für Berlin: nie fertig, ständig im Werden, alles hektisch und immer lautstark.

Einsatzfahrzeuge, Baukranmonster, Staatsbesuche, gelegentlich gleich drei am Tag, Marathonläufe, Demonstrationen, einst „Wir sind das Volk!", dann Hartz IV, Wahlkampfkundgebungen, zwischendurch Filmaufnahmen legen das Alltagsleben lahm. Allmählich müsste jeder Fernsehkrimi und jeder Werbespot den Gendarmenmarkt oder die Leipziger Straße als Kulisse gehabt haben.

Den Rest besorgen die Umzugswagen. Mitte ist der mit Abstand umzugsfreudigste Bezirk Berlins, beweisen die Mobilitätsstudien der Stadtentwicklungsforscher. An die 10.000 Menschen wohnen in der Leipziger Straße allein zwischen Spittelmarkt und Leipziger Platz. Die Bevölkerungsstruktur von Mitte zeigt die meisten Single-

Die autobahnähnliche Leipziger Straße (vor der Wende) in Berlin-Mitte mit den „Springer-Deckern" und dem folgenreichen Betonmittelstreifen (Foto: dpa)

haushalte ganz Deutschlands. Hier leben fast nur Menschen unter 45. Kinder sind eine Rarität.

Mitte ist der am meisten ost-west-durchmischte Bezirk Berlins. Seit der Wende fand hier der größte Bevölkerungsaustausch ganz Berlins statt. Mehr als 85 Prozent der Mitte-Bewohner sind seit dem Fall der Mauer ausgewechselt. Zugezogene Westberliner wird man unter ihnen keine finden. Keiner berlinert hier. Und auf den Radwegen in Mitte liegen nicht ganz so viele Scherben von Bierflaschen wie in anderen Bezirken.

Vor dem Krieg war die Leipziger Straße pulsierende Einkaufsmeile, Wertheim das größte Kaufhaus Europas. Zu DDR-Zeiten galten die Plattenbauriegel als beliebte Bummel- und Shoppingstraße. Doch seit der Wende stehen fast alle Geschäftslokale leer. So weit der heutige Zustand.

# AXEL SPRINGER LÄSST GRÜSSEN

Der Zustand zu DDR-Zeiten: Kaum wo auf der Welt – von der israelischen Siedlungspolitik am Gazastreifen vielleicht abgesehen – findet man solche geopolitisch angelegten Wohnbauten wie in der Leipziger Straße: In Beton gegossene Konfrontation zwischen Kommunismus und Kapitalismus über den Mauerstreifen hinweg.

Die Hochhäuser in der Leipziger Straße gehen indirekt auf Axel Springer zurück. So lautet eine unausrottbare Legende. Oder stimmt es etwa doch?

Als Nikita Chruschtschow, Regierungschef der UdSSR, 1958 mit seinem Berlin-Ultimatum die westlichen Alliierten in die Knie zwingen wollte, zogen viele Firmen ihre Zentrale aus Berlin ab. Axel Springer jedoch ging in die Offensive. Zwei Tage vor Ablauf des Ultimatums, das den Abzug der westalliierten Truppen aus Westberlin forderte und Berlin zur „Freien Stadt" (Drei-Staaten-Theorie) machen wollte, legte er den Grundstein für sein Verlagshaus. Er baute es massiven Warnungen zum Trotz in die Kochstraße im einstigen Medienviertel direkt an die Zonengrenze. Nach seinem ersten Bauabschnitt platzierte die DDR Mauer und Todesstreifen unmittelbar neben die Springer-Baustelle. Heute zeigt eine Linie aus Pflastersteinen auf der Fahrbahn an, wie knapp die Mauer neben dem Hochhaus verlief.

Das Verlagszentrum war eine 19-stöckige Provokation für den Osten. Die DDR reagierte, so die gängige Darstellung, auf diese Provokation des Axel-Springer-Hochhauses, indem sie auf der Südseite der Leipziger Straße vier Plattenbauten mit 1.376 Wohnungen in jeweils 25 Stockwerken aufzog. Sie sollten mit ihren 80 Metern Höhe die Sicht auf den 68 Meter hohen Springer-Bau verstellen. Daher der Beiname „Springerdecker".

Der Architekt dieser Bauten und des Straßenzuges bestreitet dies vehement. Ich treffe Professor Joachim Näther, als er achtzig Jahre alt ist, in seinem Lieblingscafé am Alexanderplatz und frage den ehemaligen Chefarchitekten (1963 bis 1973) der DDR über die Planungsvorgaben, die er in Bezug aufs Axel-Springer-Haus bekommen habe. „Darüber kann ich nur lachen!", poltert er verbittert. „Das ist eine Westente!"

Sein Auftrag sei gewesen, die Straße mit Wohnungen und gesellschaftlichen Einrichtungen zu bebauen. „Es gab überhaupt keine Vorbedingungen!" Er räumt ein, dass eventuell Politiker der SED solche Motive gehabt haben könnten. Er selber, so Näther, habe sich immer frei gefühlt.

Dass vom Flachdach des Springer-Baus aus Nachrichtenschlagzeilen aus der freien Welt in Richtung DDR gelaufen sind, ist eine Mär. Die Lichtreklame „Axel Springer Verlag" wurde schon kurz nach Baufertigstellung montiert, und das Lichtband mit den Nachrichten, das tief nach Ostberlin hinein zu sehen war, stammte vom ebenfalls in der Kochstraße gelegenen GSW-Haus, der Verwaltungszentrale der Gemeinnützigen Siedlungs- und Wohnungsgesellschaft aus den fünfziger Jahren.

Auch die Legende mit den Lautsprechern entspricht nicht den Tatsachen. Es war nicht Springer, der Informationen oder Parolen aus dem Westen über Lautsprecher an die DDR-Bevölkerung richtete, sondern der Berliner Senat. Und die Lautsprecher waren nicht am Springer-Bau angebracht, sondern teils an VW-Bussen, teils an festen Stellen entlang der Mauer.

## DIE LEGENDE VON DEN ROLLING STONES

In einer anderen Legende spielen die Rolling Stones die Hauptrolle. Der Moderator eines Westberliner Rundfunksenders hatte sich einen Spaß erlaubt, indem er sagte, es wäre doch toll, wenn zum 20. Geburtstag der DDR (1969) die Rolling Stones auf dem Dach des Springer-Hauses spielen würden. In Ostberlin nahmen das viele ernst. Hunderte Jugendliche versammelten sich in der Leipziger Straße, um sich einen guten Blick aufs Springer-Flachdach zu sichern. Indes, dort gab es keine Rolling Stones. Die Jugendlichen drehten stattdessen ihre Transistorradios auf volle Lautstärke, es gab Tumulte, einige wurden verhaftet.

Eine weitere Legende, die sogar Ostberliner Fremdenführer („Stadtbilderklärer") kolportierten, betrifft das typische Blau der Balkonverkleidungen in der Leipziger Straße. Es ist exakt die Farbe der einstigen FDJ-Hemden. Aus der ganzen Republik waren Mitglieder der Freien Deutschen Jugend 1976 nach Berlin geholt worden, um am Projekt „FDJ-Initiative Berlin" teilzunehmen – „zum Aufbau der sozialistischen Hauptstadt". Wie sie anderswo zum Abdichten von Dächern oder Bauen von Wasserleitungen eingeteilt wurden, engagierten sich die Jugendbrigaden in der Leipziger Straße an den neuen Plattenbauten. Und als Zeugnis durften sie, so heißt es, ihr typisches FDJ-Blau an den Balkonbrüstungen hinterlassen.

Diese Legende ärgert Joachim Näther erst recht: „Auch das sind Wessigerüchte, die zum Himmel stinken!"

## LEGENDE ODER NICHT?

Offen bleibt die Frage, warum die SED-Führung eine autobahnähnliche Verkehrsader in Richtung Westen errichten ließ, die kurz vor der Mauer abrupt aufhörte. Näthers Darstellung: Es habe unter den Stadtplanern Ostberlins und Westberlins Kontakte und Treffen gegeben. Dabei habe man unter Kollegen weiter als die Politiker gedacht und den Kreislauf der Stadt auch nach einer möglichen Überwindung der Teilung berücksichtigt. Die andere Version lautet: Diese städtebauliche Planung dokumentiere die Absicht der DDR, Westberlin eines Tages in ihr Territorium zu übernehmen. In diesem Falle wäre die Mauer auch überflüssig geworden und die Leipziger Straße fortgesetzt worden.

Wohnen durften hier nur verlässliche Genossen. Kader, die der Logenplatz mit Blick auf Westberlin und die Nähe zum „reaktionären Springer-Konzern" nicht zur Republikflucht animierte. Dennoch gibt es in Südrichtung keine Fenster aus den vier Wohnblöcken. Der direkte Blick auf den Todesstreifen und die Grenzbefestigungsanlagen war tabu. Umgekehrt verzichtete auch der Springer-Bau auf Nordfenster in Richtung Ostberlin.

Auf der Nordseite der Leipziger Straße entstanden halb so hohe Wohnriegel. Auch hier wohnten vorwiegend Funktionäre, Parteigetreue sowie viel ausländisches Diplomatenpersonal. Denn die Jahre der Plattenbauerrichtung waren gleichzeitig die Jahre der – ohnehin späten – internationalen Anerkennung der DDR. Mit den neuen Botschaften und Handelsvertretungen kamen viele Mitarbeiter, die unterzubringen waren.

Und etliche Korrespondenten wohnten hier. Fritz Pleitgen beispielsweise, der 1977 für fünf Jahre als ARD-Korrespondent hierherkam und Lothar Löwe ersetzte, der wegen kritischer Berichterstattung ausgewiesen worden war. Er wohnte auf Nummer 66. In der Nebenstiege, Leipziger Straße 65, wohnte Joachim Jauer im siebenten Stock. Er war von 1978 bis 1982 Korrespondent für das ZDF.

ZDF und ARD waren für die Regierung in Ostberlin enorm wichtig, weil sie auch von den DDR-Bürgern gesehen wurden. Deshalb wurden diese Korrespondenten einerseits misstrauisch bewacht, andererseits von Honecker auch jovial behandelt.

Jauer erzählte einmal im Deutschlandfunk: „Ich habe in der Leipziger Straße gewohnt, wie ich heute weiß, sehr stark beobachtet von der Staatssicherheit. Abgehört, möglicherweise auch gefilmt. In die Wohnung ist eingebrochen worden. Das hat dazu geführt, dass ich immer einen Aktenkoffer mit mir herumgeschleppt habe, auch nach

Westberlin. Den habe ich nicht in der Wohnung gelassen." Auch der Hausmeister sei auf ihn angesetzt gewesen: „Der passte auf, dass wir keinerlei Zeitungen, Zeitschriften aus dem Westen hinterließen. Diese Zeitungen oder Zeitschriften mussten in einem Extrakasten nach seinem Wunsch entsorgt werden. Er hat damit, wie wir später erfahren haben, einen schwunghaften Handel getrieben."

Warum in vielen dieser Wohnungen ein Eckstück fehlte, welcher besondere „Gesprächsfaden" vom IPZ in meinen Plattenbau führte und welche Nachbarn ich in der Leipziger Straße hatte, verrät das folgende Kapitel.

# SCHEUE NACHBARN, SCHILLERNDE FIGUREN

*Schillernde Figuren sehen anders aus. Und doch war der scheue Abdel Majid Younes einer der schillerndsten Akteure Ostberlins. Waffenhändler, Kontaktmann von DDR-Spitze und PLO und diversen Geheimdiensten, zur Wende beauftragt, die SED-Millionen ins Ausland zu verschieben. Mein Wohnungsnachbar in der Leipziger Straße.*

Die Lage meiner Wohnung in der Leipziger Straße 60 barg von Anfang an Überraschungen. Dazu gehörten die scheuen Mitbewohner meiner damaligen Einraumwohnung – Kakerlaken aus Küchenleitungen, die man einfach nicht loswurde und für die meine Bonn-Berlin-Pendelei sehr angenehm gewesen sein muss.

Dazu gehörte aber auch die sonderbar scheue Nachbarschaft. Der direkte Nachbar meiner damaligen Einraumwohnung war still, unauffällig und sehr selten zu sehen. Stets trug er Anzug und Krawatte, immer hatte er einen Aktenkoffer dabei. Dass er in der Regel auch eine Waffe mit sich führte, konnte ich nicht wissen.

Er sah grübelnd auf den Boden, wenn wir im zehnten Stock gemeinsam auf den Lift warteten. Grüßte ich, blickte er weg. Mehr als gequältes Murmeln kam nie zurück. Kam er gerade heim – an seiner Türe stand kein Name –, verschwand er so schnell in seiner Wohnung wie die Kakerlaken in meiner Küche, wenn ich Licht machte.

Erst viel später erfuhr ich, warum er sich nie vorgestellt hatte und warum seine Türklingel kein Namensschild trug.

Der untersetzte Nachbar war Abdel Majid Younes. Er fuhr, wie ich zufällig mal an einer Tankstelle bemerkte, einen schweren gepanzerten Mercedes. Warum seine Limousine und sein Auftreten so gepanzert waren? Younes war Waffenhändler und hatte die Aufgabe, unauffällig Millionen und Abermillionen des SED-Vermögens ins Ausland zu schaffen. Zu der Zeit, als er neben mir wohnte, war er in so viele Aktivitäten gleichzeitig verstrickt, dass es kein Wunder war, dass er weder Zeit noch Lust für Smalltalk hatte. Gerade damals hatte er sich mächtig zu konzentrieren.

Im buchstäblich letzten Moment der DDR-Existenz, am 2. Oktober 1990, bekam mein Nachbar, der bis dahin mal als jordanischer Geschäftsmann, mal als syrischer Diplomat aufgetreten war, einen DDR-Pass und wurde somit Deutscher. Das war vermutlich der allerletzte Reisepass, der in der DDR ausgestellt wurde.

Demnach dürfte Younes der Mensch mit der kürzesten DDR-Staatsbürgerschaft sein, die es je gegeben hat. Denn um Mitternacht vom 2. auf den 3. Oktober 1990 war der Eintags-DDR-Bürger automatisch Bundesdeutscher. Das ergibt drei Staatsbürgerschaften hintereinander binnen 24 Stunden.

In seiner jordanischen Identität war er zur Wiedervereinigung 54, in seiner syrischen 51 Jahre alt. Laut MfS trug er stets einen Revolver bei sich. Dass er die anonyme Wohnung im vom Kakerlaken befallenen Plattenbau in der Leipziger Straße benötigte, obwohl er mehrere Immobilien und Wohnungen nebst einem großen Fuhrpark besessen haben soll, wird wohl seine Gründe gehabt haben.

Das SED-Vermögen betrug zur Wendezeit 6,2 Milliarden DDR-Mark sowie 300 Millionen D-Mark und einen Haufen Dollar, Goldmünzen und Silberbarren. Das Geld sollte in Sicherheit gebracht werden, und Younes spielte dabei eine wichtige Rolle. Eine Summe von insgesamt 136,4 Millionen DDR-Mark ging in der kurzen Zeit zwischen dem 28. Mai und dem 6. Juni 1990 an Younes.

Der größte Teil davon war als Spende an die „Islamische Religionsgemeinschaft e. V." getarnt. Diese Gemeinschaft hatte Younes selbst erst kurz davor, im Februar 1990, also nach dem Fall der Mauer, gegründet. Sie bestand aus ganz wenigen Mitgliedern, meist Moslems aus seiner eigenen Verwandtschaft und aus seinem persönlichen Umfeld. Die Islamische Religionsgemeinschaft sollte den in der DDR lebenden Moslems die Religionsausübung erleichtern. Ungewöhnlich fix, nämlich im März, wurde sie vom DDR-Amt für Kirchenfragen anerkannt. Zweck war einzig die Vermögensverschleierung.

Die „Gemeinschaft" bekam am 31. Mai einen Verrechnungsscheck mit einer „Spende" von 75 Millionen DDR-Mark aus dem SED-Vermögen. Die wichtigste Rolle bei der Zuteilung an den Younes-Clan spielte der damalige PDS-Vorsitzende Gregor Gysi. Jener Politiker, der im Bundestagswahlkampf 2009 plakatieren ließ: „Reichtum für alle!"

Dazu kamen drei Darlehen über insgesamt 52 Millionen. Die drei gleichlautenden Darlehensverträge mit dem Parteivorstand der PDS hatten den Zweck, drei Anwesen in Brandenburg, die der Berliner Bezirksleitung der SED als Erholungsheime dienten, „kurzfristig auf die Erfordernisse der Marktwirtschaft einzustellen sowie Arbeitsplatzsicherung und -neubeschaffung zu gewährleisten".

## 3.000 AUSLANDSREISEN

Die Bedingungen für diese drei Darlehen waren märchenhaft. Younes musste keinerlei Sicherheiten bieten. Er war der alleinige Verfügungsberechtigte. Bis Ende 1992 hatte er keine Zinsen zu zahlen. Danach sollte er an die PDS einen Festzins von einem Prozent zahlen.

Damit nicht genug. Younes erhielt noch einen Tag vor der Verfügungssperre am 1. Juni 1990 von der PDS einen weiteren Scheck über 9,4 Millionen DDR-Mark ausgehändigt. Der Betrag diente der Vorauszahlung von 3.000 Auslandsreisen. Reisen von PDS-Funktionären, die irgendwann anfallen würden und noch gar nicht geplant waren. Denn Younes war damals auch Geschäftsführer eines – heute noch existierenden – Reisebüros namens Touristik-Union-Kontakt-International GmbH (TUK) in der Danziger Straße in Ostberlin.

Aus späteren Einlassungen der PDS erfuhr die „Unabhängige Kommission zur Überprüfung des Vermögens der Parteien und Massenorganisationen der DDR" (UKPV) freilich, dass die Partei nie ernsthaft einen Vertrag über Auslandsreisen abschließen wollte. Sie wollte vielmehr den äußeren Schein des Vertrags nutzen, um Parteivermögen bei Younes in Verwahrung zu geben. In Younes' Kopf muss es demnach ganz schön stressig zugegangen sein, während er nach außen hin den gelangweilten Unnahbaren gab.

Younes war aber nicht allzu lang Multimillionär. Die Treuhandanstalt sperrte seine vielen Konten, als das neue Parteiengesetz der DDR in Kraft trat, und beschlagnahmte das Vermögen. Spenden und Darlehen musste er später samt Zinsen zurückzahlen. Auch den Geschäftsführerposten bei TUK sowie die Leitung der Islamischen Religionsgemeinschaft verlor er.

Ob sich die Aktionen für ihn dennoch gelohnt haben, darüber lässt sich nur spekulieren. Ein UKPV-Beamter meint lakonisch: „Wenn man eine gute Ehe führt … Die Vereinbarung von Gütertrennung ist da ein gängiges Rezept." Younes hat mit der Leipziger Straße längst nichts mehr zu tun. Er wohnte danach unauffällig in Berlin-Pankow. Einige Jahre später gab er als Vermögensloser die eidesstattliche Erklärung ab.

Die SED/PDS hatte sich Younes' bedient, weil ihr möglicherweise die Stasi-Einschätzung des Mannes passte: Er verkörpere den „Typ eines mit allen Wassern gewaschenen und in seinen Methoden nicht wählerischen, undurchsichtigen Händlers, der keine Gelegenheit zur persönlichen Bereicherung auslässt". Für die SED schien er dennoch besonders vertrauenswürdig.

## BIN LADEN ALS PARTNER

Dank der peniblen Stasi-Aufzeichnungen weiß man heute, was mein Nachbar damals sonst noch gemacht hat. Seine Firma im Internationalen Handelszentrum (IHZ) in der Friedrichstraße hieß „Gulf International", registriert in den Vereinigten Arabischen Emiraten. Als sein Handelspartner war die „Bin Laden Organisation, Construction & General Trading" angeführt, die mutmaßlich dem Vater des Terroristen Osama bin Laden gehörte.

„Gulf International" war die Deckfirma der PLO, für die der Palästinenser Younes Waffengeschäfte durchführte. Für eine Spezialeinheit des libyschen Staatschefs Muammar Gaddafi soll er eine Musterlieferung von fünfzig Maschinenpistolen geordert haben. Zeitweise war er auch Kontaktmann zwischen der DDR und den USA für Waffengeschäfte. Als Freund des Fatah-Führers Abu Mussa wickelte er auch für dessen Gruppierung im Nahen Osten Waffengeschäfte ab.

Dem MfS zufolge hatte Younes auch gute Kontakte zu Abu Daud, der als Drahtzieher des Münchner Attentats von 1972 auf die israelische Olympiamannschaft gilt. Wegen seiner mutmaßlichen Kontakte zu arabischen Terroristen und seiner Mitgliedschaft in der Generalunion Palästinensischer Studenten war Younes 1972 nach dem Olympia-Attentat aus der Bundesrepublik ausgewiesen worden und via Schweden in die DDR emigriert.

Am 13. September 1994 wurden sieben Personen in Berlin festgenommen, weil sie Terrorakte gegen jüdische Einrichtungen in Deutschland geplant haben sollen, doch wegen Fehlens dringenden

Tatverdachts musste der Generalbundesanwalt sie nach zwei Tagen wieder freilassen. Einer der Betroffenen war mein Nachbar Younes. Er, der früher mit der PLO kooperiert hatte, hat mit PLO-Chef Jassir Arafat wegen dessen Nahost-Friedenspolitik den Bruch vollzogen und ist prompt auf die Todesliste von PLO-Fanatikern gelangt. Da waren wir allerdings nicht mehr Nachbarn. Da war ich umgezogen und Younes untergetaucht. Ob ein paar Millionen Mark, ob ein paar Maschinenpistolen nur einige Zentimeter von meinem Bett entfernt gelagert waren, bloß getrennt durch die eine Wand? Das eigentliche Lager für die Waffenmengen befand sich gottlob nicht hier.

Hätte er sich nicht von Anfang an so unnahbar gegeben, hätte ich beim Einzug in der Leipziger Straße, wie es sich für eine gute Nachbarschaft gehört, einen freundschaftlichen Antrittsbesuch gewagt. Ich hätte an seiner namenlosen Tür geklingelt. Und womöglich einen Sektkorken knallen lassen, während er sich vielleicht beim Sortieren von Geldbündeln oder Kontrollieren einer Waffenlieferung gestört gefühlt hätte …

## NOCH SO EIN SCHEUER NACHBAR

Als ich im selben Wohnblock in der Leipziger Straße die Einraumin eine Sechszimmerwohnung mit Blick auf den Gendarmenmarkt (damals Platz der Akademie) eintauschen konnte, hatte ich abermals interessante Nachbarn. Die waren allerdings noch scheuer als Younes, denn ich bekam sie kein einziges Mal zu Gesicht. Ihre Wohnung war nicht größer als eine Zelle, die regelrecht aus dem Rechteck meiner Wohnfläche herausgeschnitten war. Sie bestand nur aus Garderobe, Nasszelle, Küchenzeile und einem kleinen Wohnraum. Diese kleine Absteige war ein Stasi-Objekt. Der Vormieter meiner Wohnung, ein für Wirtschaftsfragen zuständiger Diplomat, war offenbar so interessant gewesen, dass sich das Abhören gelohnt haben muss.

Diese kleine Nachbarwohnung gehörte natürlich nicht zur normalen Hausverwaltung, sondern zur Hauptabteilung XVIII des Ministeriums für Staatssicherheit (MfS), jener Hauptabteilung, die an Informationen aus Wirtschaft und Nato-Zivilverteidigung interessiert war. Auch im Stockwerk über mir und in der Etage unter mir waren die kleinen Wohneinheiten konspirative Wohnungen. Diese wiederum gehörten der Hauptabteilung II, die für Spionageabwehr und die Beobachtung von Botschaften zuständig war.

Allen drei Stasi-Wohnungen in meinem Haus war gemeinsam, dass sie weder der Bezirksverwaltung des Ministeriums für Staatssicherheit noch einer Kreisdienststelle gehörten, sondern der MfS-Zentrale direkt. Wie wichtig doch mein Plattenbau war!

Diese kleine Nachbarwohnung war eine von vielen Tausenden konspirativen Lokalitäten in der DDR, meist als Privatwohnung oder Büro getarnt, in Villen und in Gartenlauben. Oder eben in Plattenbauten wie in der Leipziger Straße, deren Anonymität der „Firma" sehr gelegen kam.

Nach dem hausinternen Umzug von der Einraum- in die große Wohnung hatte ich keine Kakerlaken mehr. Vielleicht nur noch Wanzen.

# BONN: DOPPELLEBEN
# IM DOPPELHAUS

Von Berlin führte mich das Pendlerleben immer
wieder nach Bonn, wo außer meiner Familie
noch Bundesregierung und Bundestag saßen. Ein
Dorado für Spione. Unsere Nachbarn waren welche. Und nicht nur sie.

Kulissenwechsel von Berlin in die damalige Bundeshauptstadt am
Rhein: In Bonn/Bad Godesberg bewohnten wir einige Jahre lang
eine Jugendstilvilla in der Kronprinzenstraße. Eine großzügige
Doppelhaushälfte aus der Gründerzeit. Der Deckenstuck schwebte
4,70 Meter über den sattroten Pitchpinedielen. Zum Senior-Vermie-
ter, einem Briefmarkenhändler, hatten wir ein sehr gutes Verhältnis; nach seinem Tod ekelte uns sein Sohn, erfolgloser Architekt, aus
dem Haus.
Einer der Vormieter war Michael Voslensky gewesen. Der 1920 ge-
borene russische Dissident war Direktor des Forschungsinstituts für
sowjetische Gegenwart in Bonn.
Die unzähligen Telefonauslässe im ganzen Haus fielen sofort auf.
Selbst in den Kellerräumen, der Garage und auf den Balkonen gab
es Telefonsteckdosen. Sie gingen auf Voslenskys Angst zurück, der
sowjetische Geheimdienst könnte ihm zu nahe kommen. Grund zu
dieser Annahme hatte der Dissident reichlich. Voslensky wollte von

überall im Haus nach draußen telefonieren können – für den Fall, dass er im Keller oder in der Garage eingesperrt worden wäre.

Sein Lebenslauf rechtfertigte die Furcht vor Spionen durchaus. Zum Beispiel wurde unter KGB-Chef Juri Andropow tatsächlich die Möglichkeit erörtert, den sowjetischen Botschafter in Bonn, Valentin Falin, die westdeutsche Seite mit der „Frage einer vor der Öffentlichkeit geheim gehaltenen Verbringung" Voslenskys in die Sowjetunion zu konfrontieren.

Das Beste an der Telefonmanie: Voslensky hatte tatsächlich Spione um sich. Es waren seine eigenen Nachbarn in der anderen Doppelhaushälfte. Es handelte sich um das westdeutsche Ehepaar P., das für die DDR und für Moskau spioniert hat und dafür auch rechtskräftig verurteilt worden ist. Als Nachmieter Voslenskys waren dann wir die neuen Nachbarn des Ehepaars P.

Die andere Doppelhaushälfte war in drei Etagenwohnungen aufgeteilt. Das Erdgeschoss bewohnte die Villenbesitzerin, eine alleinstehende alte Dame. Die Wohnung im ersten Stock hatte das Ehepaar P. gemietet. Irgendwann war uns aufgefallen, dass sowohl der Balkon auf der Ost- als auch jener auf der Westseite fest verbarrikadiert waren – durch unendlich viele Blumen und durch riesige Sonnenschirme. Die Schirme waren bei jedem noch so schlechten Wetter aufgespannt. Die Balkone waren im wortwörtlichen Sinn komplett abgeschirmt.

Wir stellten schnell fest, dass in unserem ersten Geschoss nicht alles ganz in Ordnung war. An der Wand zur anderen Haushälfte hinüber versagten alle elektrischen Geräte, die wir in der Nähe der Wand aufstellen wollten, ihren Dienst. Wir führten dies auf überforderte oder defekte Stromleitungen im Gemäuer des Gründerzeitbaus zurück und gewöhnten uns daran.

Rückwirkend, als wir schon weggezogen waren, bekamen wir mit, was hier los war, und verstanden endlich auch manche Phänomene: Die Bundesanwaltschaft warf Karin H.-P. und Wolfgang P. ein paar Jahre nach der Wende vor, von 1976 bis 1989 vertrauliche Informationen und Verschlusssachen aus dem Bundeskanzleramt sowie aus der SPD-Zentrale an das DDR-Ministerium für Staatssicherheit (MfS) geliefert zu haben.

Die Frau habe sich demnach – auf Initiative des MfS – um die Anstellung als Sekretärin im Bundeskanzleramt beworben und sie auch bekommen. Ihr Ehemann, Wolfgang P., habe sich schon 1976 dem MfS verpflichtet. Er habe dem DDR-Geheimdienst sogar seine spätere Ehefrau zugeführt. Außerdem habe er als persönlicher Referent und Wahlkampfleiter der SPD-Politikerin Katharina Focke vertrauliche Informationen geliefert.

Beide Angeklagten gaben Kontakte nach Ostberlin zu, bestritten aber, geheime Informationen weitergeleitet zu haben. Der Vierte Strafsenat des Oberlandesgerichts Düsseldorf verurteilte sie zu einer Freiheitsstrafe.

In den paar Monaten, in denen das Ehepaar in Haft saß, hielt die betagte Vermieterin die Wohnung im ersten Stock frei, „weil die mir immer so freundlich beim Rasenmähen geholfen haben".

Ob das Ehepaar P. wusste, dass direkt nebenan tatsächlich der Dissident Voslensky wohnte, und ob umgekehrt Voslensky wusste, dass nebenan das Spionagepaar P. zu Hause war, entzieht sich meiner Kenntnis.

## DER DISSIDENT
## IM VERDACHT

Dabei hatte Voslensky zunächst selber im Verdacht gestanden, ein Agent zu sein. Als er nämlich als Gastwissenschaftler von der sowjetischen Akademie der Wissenschaften im bayrischen Max-Planck-Institut in Starnberg mehrere Jahre forschte, erhielt das Institut Briefe der Bundesregierung aus Bonn, die vor dem vermeintlichen Spion Voslensky warnten.

Er nahm aber eine andere Entwicklung: Er fühlte sich in der CSU daheim. Nach seinem Welterfolg „Nomenklatura. Die herrschende Klasse der Sowjetunion" (in 14 Sprachen übersetzt) war eine Rückkehr unmöglich geworden. Die deutsche Staatsbürgerschaft wäre schwierig zu erlangen gewesen. So setzte sich der österreichische Bundeskanzler Bruno Kreisky für ihn ein, und der sowjetische CSU-Sympathisant Voslensky erhielt den österreichischen Pass.

Voslensky und sein „Forschungsinstitut für sowjetische Gegenwart e. V." berieten von der noblen Kronprinzenstraße aus die Bundesregierung. Nach Michail Gorbatschows Perestroika war seine Beratung nicht mehr gefragt. Voslensky zog in ein bescheidenes Reihenhäuschen in Meckenheim bei Bonn um. Er starb 1997.

Weitere Bücher, die er neben seinem Standardwerk „Nomenklatura" schrieb: „Sterbliche Götter. Die Lehrmeister der Nomenklatura" und „Das Geheime wird offenbar. Moskauer Archive erzählen 1917–1991".

## DIE ROMEOS IM STAATSAUFTRAG

Bonn war als Hauptstadt ein wichtiges Pflaster für Agenten. Berühmt waren die Romeos, die auf Singlefrauen angesetzt wurden. Sie verführten alleinstehende Sekretärinnen in Ministerien und im Kanzleramt und bekamen zumeist, was sie und ihre DDR-Auftraggeber wollten.

Kurt Rebmann sagte in einem Korrespondentengespräch bei seinem Abschied nach 13 Jahren Tätigkeit als Generalbundesanwalt, dass drei Viertel aller Spionagetätigkeiten in der Bundesrepublik Deutschland aufs Konto der DDR gingen. Pro Jahr leitete die Generalbundesanwaltschaft durchschnittlich 400 Verfahren in Spionagedingen ein, bei denen die DDR der Hauptakteur gewesen sei. Derzeit, sagte Rebmann im Jahr 1990, folge eine Welle von Enttarnungen, viele auch in Spitzenpositionen, oft durch Überläufer entlarvt. Dennoch dürften heute immer noch mehrere Dutzend dieser Bonner „Romeos" nicht enttarnt sein.

Nicht überall muss freilich Spionage im Spiel gewesen sein, selbst wenn nach allen objektiven Kriterien die Alarmglocken schrillen sollten, doch zumindest Misstrauen schien angebracht.

## DAS RUSSISCHE AU-PAIR-MÄDCHEN

Drei Bonner Episoden, die plötzlich einen Zusammenhang ergeben: Episode 1: Auf unserer Wohnungssuche in Bonn landeten wir im Reihenhaus eines deutschen Diplomaten in Sankt Augustin zum Besichtigungstermin. Besondere Kennzeichen der Immobilie: Im Vorzimmer war eine wuchtige rustikale Bartheke installiert, und im Keller gab es eine Dunkelkammer des Hobbyfotografen, die ausgebrannt war. Das Haus gefiel uns nicht sonderlich, vor allem weil der Architekt es geschafft hatte, im Halbstock ein großes Gästezimmer ohne Fenster zu bauen. Wir nahmen das Haus nicht.

Episode 2: Wir mieteten das Reihenhaus eines anderen deutschen Diplomaten am Ende der Oberaustraße in Bonn-Mehlem. Ein Haus mit markanten andalusischen Bögen am Balkon und Ausblick auf das Haus Konrad Adenauers auf der anderen Rheinseite. Vermutlich deswegen hatte unser Vermieter, CDU-Mitglied, dieses Reihenhaus gekauft. Während unserer Mietdauer war er an der deutschen Botschaft in Washington eingesetzt.

Zuvor war der Diplomat aber in der Personalabteilung des Auswärtigen Amts tätig gewesen. Dort hatte er eine schwere Personalentscheidung zu treffen. Er musste einen seiner Kollegen von der bundesdeutschen Botschaft in Warschau abziehen und versetzen. Der

Als Erich Honecker (r.) 1987 nach Bonn kommt, weiß er wirklich alles über Helmut Kohl, dessen Amts- und Privatgespräche er hat abhören lassen (Foto: dpa)

hatte nämlich in Polen ein Verhältnis angefangen. Er hatte sich in eine attraktive Russin verliebt, die in Warschau lebte, wohin sie mit ihrem Mann, einem Moskauer Ingenieur, gezogen war.

Eine solche Liaison war in Zeiten des Kalten Krieges aber politisch gefährlich, untragbar und wurde nicht geduldet. Mein Vermieter hatte im Auswärtigen Amt keine andere Wahl, als den Mann sofort aus der polnischen Hauptstadt zu entfernen und nach Bonn zurückzubeordern.

Episode 3: Für das Reihenhaus in Mehlem, wo wir mit unseren drei Kindern lebten, suchten wir ein Au-pair-Mädchen. Nach katastrophalen Fehlgriffen aus Irland und Italien sollte eine Russin kommen. Bewerbungsfoto, Lebenslauf und Telefonat versprachen einen Volltreffer.

Doch kurz vor Beginn rief die Mutter des zwanzigjährigen Mädchens an. Die Tochter habe sich total verliebt und wolle nicht kommen. Ob wir sie, die Mutter, als Ersatz akzeptieren würden? Sie sei zufällig gerade in Bonn. Ich traf mich, direkt vom Pressehaus im Tulpenfeld im Bonner Regierungsviertel kommend, mit Larissa spät abends im Café NT. NT steht für „Nachrichtentreff" bzw. (Zeitungs-)Ente. Meine Familie war gerade auf Heimatbesuch in Wien.

Eine russische Mutter der Vor-Perestroika-Zeit hatte ich mir anders vorgestellt! Im NT wartete eine umwerfend attraktive Vierzigjährige im vornehmen Pelzmantel. Sie bot sich als Bügelhilfe an. Meine Frau war mit der Lösung einverstanden.

Und jetzt kommt die unglaublich klingende Verknüpfung von Episode 1, 2 und 3:

Diese schöne Larissa war jene Russin, deretwegen der deutsche Diplomat in Warschau abgezogen wurde. Sie war es, die dem Bonner Diplomaten den Kopf verdreht hatte. Sie erzählte uns, dass ihr Freund Diplomat sei und in Sankt Augustin ein Haus habe. Eines mit einer rustikalen Bartheke im Vorzimmer und einer ausgebrannten Dunkelkammer im Keller. Ausgebrannt, weil ihr Freund aufgrund seiner Versetzung aus Warschau manchmal zu viel Alkohol zu sich nahm.

Als die Russin das Reihenhaus ihres Freundes beschrieb, trauten wir unseren Ohren nicht. Und obendrein: Jener Diplomat von der AA-Personalabteilung, der für den Abzug des Kollegen aus Polen verantwortlich war, war ausgerechnet unser Vermieter in Mehlem.

Wir haben der Russin nie erzählt, dass sie als unser „Au-pair-Mädchen" ausgerechnet im Haus jenes Beamten lebte, der ihren Liebhaber aus Warschau versetzt hat, um die Liaison sofort zu unterbinden. Wir haben Larissa auch nie erzählt, dass wir das Haus ihres deutschen Freundes in Sankt Augustin schon ganz gut kannten. Und wir haben unserem Vermieter nie erzählt, dass der Auslöser für seine rigide Personalmaßnahme von Warschau in seinem eigenen Haus in

Bonn-Mehlem ein- und ausging. Wir haben ihm auch vorenthalten, dass seine angeordnete Trennung des Pärchens trotz der Versetzung aus Polen nicht von Dauer war.

Larissa hätte in unserem Haushalt und meinem Büro gewiss nichts für den KGB Brauchbares entdecken können, sollte sie den Auftrag dazu gehabt haben. Aber ich bin in ihrem Fall sicher, sie hatte weder gegen uns noch gegen unseren Nachbarn, einen hohen Beamten der Bundeswehr, einen Spitzelauftrag. Es ist einfach eine bunte, unglaublich klingende, aber wahre Geschichte aus dem Leben im Vor-Wende-Bonn.

# UMWEG PER DDR-INTERFLUG

Regelmäßiger und direkter Flugverkehr zwischen den beiden deutschen Staaten – undenkbar! Doch im Spätsommer 1989, drei Monate vor dem Fall der Mauer, ist es Wirklichkeit. Als Korrespondent meiner österreichischen Zeitung fliege ich erstmals mit der ostdeutschen Interflug von der Bundesrepublik in die DDR. Und alle – die Lufthansa-Damen, der Taxifahrer, die Passagiere – alle finden das aufregend. Nur die Interflug-Stewardessen nicht, sie waren angewidert und peinlich berührt.

Den Fluglinien beider deutscher Staaten war es verboten, die militärische Kontrollzone an der gemeinsamen Grenze zu überfliegen. Die Nutzung der Flugkorridore nach Berlin war Pan Am, British Airways und Air France vorbehalten und sowohl der Lufthansa als auch der Interflug untersagt. Also mussten die Maschinen, wenn sie ins Nachbarland wollten, einen großen Umweg fliegen, um die deutsch-deutsche Grenze zu meiden.

Wenn die Interflug von Düsseldorf oder die Lufthansa von Frankfurt aus nach Leipzig flogen, mussten sie die Route über die Tschechoslowakei wählen. Der Direktflug Düsseldorf–Leipzig ging also über Prag. Das verlängerte die Flugzeit um mehr als das Doppelte. Die Kerosinverschwendung gehörte zum Ausfluss der deutsch-deutschen Beziehungen wie andere Merkwürdigkeiten auch.

Mein Abenteuer beginnt bereits in der Lufthansa-Filiale in Bonn, als ich das Ticket kaufen möchte. Mit der Interflug von Düsseldorf nach drüben? Geht das überhaupt? Der Computer reagiert auf das Stichwort Interflug störrisch. Die Bonnerin am Bildschirm ist ratlos, erzählt, dass ihre Mutter „drüben" in Potsdam lebt, und lässt beim Kollegen aus Berlin rückfragen. Manuell bearbeiten, kommt als Anweisung zurück. Alle Mitarbeiterinnen schauen ihr über die Schulter, alle wollen der Pioniertat beiwohnen, und jede gibt andere Tipps. „Wissen Sie, Sie sind unser Jungfernflug nach Leipzig", entschuldigt sich die Schalterdame, weil es lange dauert.

Auch für den Taxifahrer ist es eine Jungfernfahrt, als er den Düsseldorfer Flughafen ansteuert. Mit der Interflug ist in seinen 25 Berufsjahren noch kein Fahrgast geflogen. Misstrauisch fragt er: „Sind Sie etwa aus der DDR?" Zugleich interessiert er sich für die Preise. Denn seine 83-jährige Tante aus Leipzig fliege so gern. Die umgerechnet knapp 400 Euro Normaltarif schrecken ihn ab, den Sondertarif von umgerechnet 210 Euro findet er in Ordnung.

Vor der Abflughalle zeigt neben den Lufthansa-Hinweisen sogar ein „Interflug"-Schild den Weg zum Schalter der DDR-Fluglinie. Aber da ist nichts. Außer dem Bord-Journal ist nichts zu sehen. Schon gar kein Hinweis, wohin man sich vor dem Abflug zu wenden habe. Man fragt sich durch, das Check-in erledigt schließlich die Lufthansa.

Die „Frankfurter Allgemeine Zeitung" und „Die Welt" – ausgerechnet die Springer-Zeitung, die erst kurz zuvor von „DDR" auf DDR umgestiegen ist – liegen beim Einstieg in die TU-134 aus. „Berliner Zeitung", „Leipziger Volkszeitung" und „Junge Welt", das Blatt der FDJ, findet man erst im Inneren an der Kabinenwand.

## KLASSENLOSE GESELLSCHAFT

Die 19 Passagiere, die Freitagmittag beim Flug IF 623 auf engen Sitzen aufs Abheben warten, sind eine klassenlose Gesellschaft. Interflug kennt keine Klassen, außer die von Nichtrauchern und Rauchern. Ein „Pilsner spezial" tröstet über die mehr als einstündige Startverzögerung hinweg. Der Luftraum sei überfüllt, heißt es entschuldigend.

Um für die Leipzig-Flüge überhaupt die Genehmigung zu erhalten, musste sich die DDR-Linie verpflichten, von der Messestadt aus keinen Anschlussverkehr nach Berlin-Schönefeld anzubieten. Der Flugverkehr nach Berlin-Tegel und damit die einzige von der DDR und der Sowjetunion nicht zu kontrollierende Verbindung nach Westberlin sollte nicht beeinträchtigt werden.

Für den damaligen Lufthansa-Chef Heinz Ruhnau war der Leipzig-Verkehr „ein kleiner pragmatischer Schritt zu einem innerdeutschen Luftverkehrsabkommen". Und damit auch ein Schritt zu einer Berlin-Genehmigung. Den deutsch-deutschen Linienverkehr nach Berlin verboten nämlich auch 44 Jahre nach Kriegsende immer noch die Alliierten, die die Oberhoheit über die Luftkorridore nach Berlin innehatten. Frühere Vorstöße der Lufthansa waren vor allem an den Amerikanern gescheitert, weniger an den Briten und Franzosen. Für die Linien der Alliierten war es ein hervorragendes Geschäft. Sie hatten praktisch das Monopol auf die Flüge von und nach Berlin.

Die Lufthansa hatte ihren Betrieb zwischen Frankfurt und Schkeuditz bei Leipzig mit einer nagelneuen Boeing 737-300 aufgenommen. Der Umweg über die ČSSR verlängerte den Luftweg von 310 auf 700 Kilometer. Doch immerhin: Im Luftraum bekam die Grenze erste Risse, auch wenn DDR-Bürger noch lange nicht mitfliegen durften.

Die neue deutsch-deutsche Verbindung war auch für das Flugpersonal eine Herausforderung, „aber eine peinliche". Über der Sächsischen Schweiz, kurz vor der Landung, beklagt sich eine Stewardess über die „vielen provokanten Fluggäste" aus Westdeutschland, die in arrogantem Tonfall etwa den strengen Geruch der Desinfektionsmittel bemängeln. „Da stehen wir wirklich Auge in Auge mit Leuten aus dem anderen System", sagt sie.

# MANGELWIRTSCHAFT

# WALTER ULBRICHTS
# BLÜHENDE LANDSCHAFTEN

Walter Ulbricht, der Vorgänger Erich Honeckers, hatte 1961 – im Jahr des Mauerbaus – Visionen und versprach Reichtum, Freiheit und „ein Leben, in dem kein Wunsch unerfüllt bleibt". Alles, was Ulbricht hier aufzählte, erwarteten die DDR-Bürger dreißig Jahre später nochmals durch die Wiedervereinigung. Die DDR-Ökonomen versuchten kurz vor dem Mauerfall, das System noch schnell zu reformieren.

„Was da auf den Handel zukommt", das hat Walter Ulbricht längst vorausgesehen. Der SED-Politiker war von 1950 bis 1971 Generalsekretär des Zentralkomitees der Einheitspartei in der DDR. Schon drei Jahrzehnte vor dem Mauerfall, also zu einer Zeit, in der die Geschäfte vom Volksmund „Uwubus" genannt wurden (Ulbrichts Wucherbuden), schwärmte der Vorgänger Erich Honeckers exakt von jenen paradiesischen Zuständen und blühenden Landschaften, die die DDR-Bevölkerung dann auch von der deutschen Vereinigung erhofften.

Der folgende Artikel war erstmals 1961 erschienen – in dem Jahr, in dem der Mauerbau begann. Nach dem Mauerfall grub die DAZ („Die andere Zeitung" aus Leipzig) den Text wieder aus. Die DAZ war die erste unabhängige Wochenzeitung der DDR, initiiert von Anhängern des „Neuen Forums". Sie erschien ab Januar 1990, hat aber nicht länger als bis April 1991 durchgehalten – wie so viele andere Neugründungen auch.

## DER WORTLAUT
## VON WALTER ULBRICHTS TEXT:

„Unser Tisch soll mit dem Besten gedeckt werden, was die Natur zu bieten hat: hochwertige Fleisch- und Milchprodukte. Edelgemüse und beste Obstsorten, früheste Erdbeeren und Tomaten zu einer Zeit, da sie auf unseren Feldern noch nicht reifen. Weintrauben im Winter, nicht nur zur Zeit der großen Schwemme. Als Sozialisten sind wir uns darüber klar, dass im sozialistischen Lager bis 1965 ein Überfluss an Lebensmitteln erreicht werden soll. Was da auf den Handel zukommt, diese immer mächtiger anschwellende Woge von Lebens- und Genussmitteln aus aller Herren Länder, von Kleidern und Schuhen, von wundervollen neuwertigen Stoffen, von Küchen- und Waschmaschinen, Autos, von Kunstgewerbe und Schmuck, von Fotoapparaten und Sportgeräten!

Ebenso müssen die Reparatur- und Ersatzteilprobleme gelöst sein. Eine Vernachlässigung kann und wird sich auch das reichste sozialistische Land in Zukunft nicht leisten, weil sie eine der dümmsten und schädlichsten Formen der Verschwendung ist.

Neben dem reichhaltigen Angebot der Einkaufszentren in den Städten und in den überall vorhandenen Geschäften für den täglichen Bedarf wird es ein Netz von Versandhäusern geben. Mit Hilfe von Katalogen können dann die Einwohner entlegener Gebiete jeden Artikel bestellen und binnen weniger Tage auch erhalten.

Unter kommunistischen Verhältnissen wird auch die Wohnung in jeder Menge, Größe und Form zur Verfügung stehen. Die Woh-

Walter Ulbricht hatte Visionen von Wohlstand und Überfluss, meist blieb es bei den Visionen (Foto: dpa)

nungsnot werden wir in den Jahren 1970 bis 1980 für immer hinter uns gebracht haben. Die ganze oder fast die ganze Welt wird uns offenstehen, und die Entfernungen spielen keine Rolle. Freunde der Touristik werden für ihre Wanderfahrten einen großen Teil des Globus zur Verfügung haben. Mehrmonatige Weltreisen werden zu einem festen Bestandteil des Bildungsganges der Jugend gehören.
Und auch die ältere Generation wird die noch unbefriedigende Bekanntschaft mit fremden Ländern nachholen. Die sozialistische Gesellschaft wird in einigen Jahrzehnten nicht nur wohlhabend, sondern reich sein und ein Leben garantieren, in dem kein Wunsch unerfüllt bleibt.
In 20 Jahren, also gegen 1985, wird das monatliche Durchschnittseinkommen 3.000 bis 5.000 Mark sein. Viele Gruppen von Beschäftigten dürften jedoch darüber liegen. Die Arbeitszeit liegt täglich bei

sieben Stunden und bei der Fünftagewoche. In den letzten Jahrzehnten unseres Jahrhunderts wird es undenkbar sein, dass ein Jugendlicher nicht studiert.

Die Ausbildungszeit wird echte Lehr- und Wanderjahre umfassen. Wenn die politischen Zustände in Westdeutschland überhaupt Aussicht haben, bis 1970 fortzubestehen, könnte man mit Sicherheit voraussagen, dass nicht nur ein Manko von 30.000 Ingenieuren auftreten würde, der westdeutsche Staat wäre dann schon ein reichlich altmodisches Gebilde mit einer vergleichsweise ungebildeten Bevölkerung …"

## DIE AKADEMIE DER WISSENSCHAFTEN UND DER FRUST

Schnitt. Nach den Visionen von 1961 in die Wirklichkeit von 1989. Nach dem Rücktritt Erich Honeckers und vor der Großdemonstration in Berlin am 4. November führe ich ein Gespräch mit Heiko Polten von der Akademie der Gesellschaftswissenschaften in Ostberlin. Nach dieser Institution hieß der Gendarmenmarkt damals „Platz der Akademie". Die Akademie hat den Auftrag, das Klima zu ändern, das so viele DDR-Bürger nach Jahren aufgestauten Frusts in den Westen treibt, und der DDR-Führung die Grundlagen für Entscheidungen vorzubereiten.

„Dieses Klima, nicht gefragt zu werden, nicht Einfluss nehmen zu können, keine Perspektive als Individuum erkennen zu können, dieses Klima muss weg", meint Polten. Er ist kein Bürgerrechtler, sondern ein von der Regierung offiziell vorgesetzter Interviewpartner. Heute könnte man ihn als einen der „Wirtschaftsweisen" bezeichnen, die die Regierung beraten.

Zu jener Zeit arbeitete die Akademie an einer Studie über „Sozialismus in den neunziger Jahren". Das umfangreiche Papier hat sie noch im Juni 1989 fertiggestellt. Es musste jedoch den aktuellen Ereignissen angepasst werden. Vielleicht hätte es manche Leute noch rechtzeitig Hoffnung schöpfen lassen können. Die Studie sollte dem XII. Parteitag im Frühjahr 1990 als Diskussionsgrundlage dienen und die Plattform für die künftige Entwicklung der DDR sein, jedenfalls wie sie sich die SED vorstellte.

Dass andere Studien, in denen die Gesellschaftswissenschaftler schon früher auf den Problemstau hingewiesen hatten, in den Schubladen höherer SED-Funktionäre verschwunden waren, konnte die Wissenschaftler offenbar nicht entmutigen, die alle Bereiche umfassende Studie über den Sozialismus der neunziger Jahre zu erarbeiten.

Es war geplant, wichtige Teile des Papiers nach und nach in den Zeitungen zu veröffentlichen und zur Diskussion zu stellen. Mit dem heutigen Wissen, dass wenig später die Mauer erstürmt wurde, klingt dies weltfremd. Das Interview und die Studie sind aus heutiger Sicht ein Dokument dafür, wie ein System, das in den letzten Atemzügen liegt und kurz vor dem Zusammenbruch steht, noch versucht, die Kurve zu kriegen.

Die Situation nannte Polten „tatsächlich krisenhaft", weil Widersprüche nicht rechtzeitig erkannt und Schlussfolgerungen nicht zeitgerecht gezogen worden seien. Daher müsse sich jetzt eine „sozialistische Demokratie" entwickeln, die jedem Bürger Einblick in den Entscheidungsprozess gewährt und ihn nicht mit einer fertigen Entscheidung abserviert.

Als besonders wichtig erschienen Polten die künftige Wirtschaftsstrategie, die Einheit von Wirtschaft und Sozialpolitik, die Versorgung mit Konsumgütern und Pkws sowie die Durchsetzung des Leistungsprinzips (!).

Die Wirtschaftsstrategie zielte auf ein stabiles Wachstum ab, man erhoffte sich einen jährlichen Zuwachs von 3,5 bis 4,0 Prozent. „Dieses Wachstum ist nur möglich, wenn wir den Aufwand senken", schilderte Ökonom Polten. Das Arbeitskräftepotenzial war ja allein schon wegen des geringen Bevölkerungswachstums deutlich reduziert. Der Massenexodus verstärkte die Krise. Dazu kam, dass aus ökonomischen und ökologischen Gründen die Förderung bestimmter Rohstoffe, vor allem der Braunkohle, nicht mehr ins Unermessliche gesteigert werden konnte.

Die Senkung des Aufwands sollte durch Schlüsseltechnologien erreicht werden, etwa Mikroelektronik und flexible Automatisierung. Dies wiederum erforderte eine grundlegende Reform des Wirtschaftsmechanismus, in erster Linie die Eigenverantwortlichkeit der Kombinate. Damals arbeiteten einige von diesen probehalber in „Eigenbewirtschaftung". Bis 1992, dem Beginn des EG-Binnenmarktes, sollten alle Kombinate der DDR auf Eigenbewirtschaftung umgestellt sein.

„Wir sprechen davon", sagte Polten, „dass eine Wende eingeleitet worden ist, wobei wir das Wort ‚eingeleitet' zweimal unterstreichen." Die SED schien damals also bereit zu grundlegenden Reformen, jedoch nicht dazu, ihren Machtanspruch auch nur ein bisschen zu schmälern. Wie die Entwicklung zeigt, haben die DDR-Bürger nichts mehr davon gehalten.

# HINZ UND KUNZ STATT MARX UND ENGELS

Networking auf Kommunistisch: Man muss wissen, wie man an Sachen rankommt, muss Hinz und Kunz kennen. Doch die Ausreisewelle reißt viele Löcher ins Beziehungsgeflecht, die nicht mehr zu stopfen sind. Der eine Hinz, der andere Kunz sind abgehauen. Lokalaugenschein im DDR-Alltag des Herbstes 1989.

„Ich kann das Wort Ausreise schon nicht mehr hören." Der 50-jährige Leipziger Josef B. ist des Themas mehr als überdrüssig. Im Betrieb, in der Verwandtschaft, unter Freunden, in jeder Warteschlange, überall ist es das Thema Nummer eins. Nur im DDR-Fernsehen und in den Zeitungen ist es strikt tabu. Was viele DDR-Bürger erst recht ärgert, kriegen sie doch übers Westfernsehen die Fakten mit.

Das Wort „Ausreise" fällt jedoch selten. Die Leipziger sprechen vom „Rübermachen". Oder umschreiben es mit der „billigen Dreitagesreise": DDR, Ungarn, Österreich. Billig, weil ohne Rückfahrkarte. In Wahrheit muss man die Rückfahrkarte mitkaufen, um sich nicht gleich als Ausreisewilliger zu erkennen zu geben.

Die Lücken sind nicht zu übersehen. In Lokalen liegen Zettel auf den Tischen: „Keine Bedienung", „Wegen Krankheit…", „Aus technischen Gründen …" Gastronomen ärgern sich, weil die Büroleute von den Betriebsleitungen nicht einspringen. Warenlieferungen bleiben aus. Wegen fehlenden Personals gibt es in manchen Gaststätten seit Wochen keine alkoholfreien Getränke.

Während der Leipziger Herbstmesse erleben Gäste, die ihr frühzeitig bestelltes Privatquartier aufsuchen wollten, ihre Wunder. Die offiziell zugewiesene Gastgeberfamilie (genannt Messemuttis) ist einfach nicht da. Und schon länger nicht gesehen worden. „Wahrscheinlich haben die ihren Urlaub verlängert", heißt es sarkastisch am Zimmervermittlungsschalter.

100.000 DDR-Bürger dürften 1989 allein bis September bereits „rübergemacht" haben, viele sogar legal. Mindestens eine Million soll noch auf die Erlaubnis warten. In der Bevölkerung gehen viele – ironische – Gerüchte um. Eines besagt, die Führung werde sogar ALLE DDR-Bürger hinauslassen. Scherzhaft wird kolportiert, dass Ungarn-Reisende gleich eine Österreich-Wanderkarte mitbekommen. Der Aderlass macht sich überall bemerkbar. Wenn ein Rentnerehepaar quasi gegen den Trend vom Ungarn-Urlaub heimfährt und der Zugschaffner bedauert, er könne ihnen für die 18-stündige Fahrt nur Kaffee und Bockwurst servieren, denn die zwei Kellner seien abgesprungen. Oder wenn ein Lkw-Fahrer plötzlich den Cheffahrer seines Betriebs ersetzen muss. Der ist nämlich ausgereist, und niemand hat's gewusst. Als nach den Sommerferien der Unterricht losgeht, ist beim Fahnenappell in den Schulen die erste Frage: Wer fehlt?

## „FÜR DIE REGIERUNG BETEN"

Die Fürbittentafel in der Leipziger Thomaskirche unterliegt einer Art Selbstzensur. Jeder Bürger kann dort einen Zettel mit einem persönlichen Gebetsanliegen anbringen. Wer hier seine Aggressionen auf die politische Führung auslässt, sieht seinen Zettel aber nicht lange hängen.

Fast alle Fürbitten betreffen das Thema Ausreise: „...weil ich das Land verlasse mit meinem Mann und meinem Kind, weil ich in diesem Staat 40 Jahre unmündig war. Gott mit Euch, die die Kraft haben und hierbleiben." – „Ich fürchte, dass auch meine engsten Freunde das Land verlassen. Steh uns allen bei!" – „Weil das die Hölle ist, denn wir sind geboren, um frei zu sein!"

Die Liste ist lang. „Ich möchte meine Geschwister in der BRD besuchen, wann ich will und nicht ohne Mann und nur mit Anlass!" – „Wir haben trotz zwei Jahren Wartens noch keine Ausreise. Unsere Tochter kommt jetzt in die Schule." – „Ich bitte, dass der Staat uns mehr Freiheit gibt und mehr Vertrauen für uns alle gewährleistet." – „Was soll aus unseren Kindern werden ohne Freiheit?" – „Ich habe Angst, dass die Mauer noch 100 Jahre bleibt."

Viele Gläubige haben bereits versucht, durch Besetzung des Gotteshauses die Hilfe der evangelischen Kirche bei der Ausreise zu erzwingen. Ohne Erfolg. Bei ganz wenigen Ausnahmen, wenn es etwa um das Schicksal eines Kindes bei der Familienzusammenführung geht, schaltet sich die Kirche ein. Dann klappt es meist auch. „Ansonsten lehnen wir das prinzipiell ab", erklärt mir der Küster. „Wir müssen hierbleiben, wo Gott uns hingestellt hat. Und Gott hat uns hierher in die DDR gestellt." Und: „Wir müssen für die Regierung beten." Die Kirche sieht ihre Aufgabe anderswo: „Die Leute gehen hier psychisch kaputt. Denen müssen wir erst wieder auf die Beine helfen!"

Auf den Antennen mancher Trabis und Wartburgs oder auf dem 31 Jahre alten Skoda, der kurzerhand zum Schwarztaxi als „Bürgerhilfe" umfunktioniert wurde, wehen weiße Fähnchen: öffentliches Bekenntnis der Ausreisewilligen. Ein neuartiger Gruß unter DDR-Bürgern lautet: „Inka?" – Immer-noch-keine-Ausreise?

Ausreisen gehen im Spätsommer 1989 wesentlich lautloser vor sich als früher. Bis dahin musste man mit jahrelangen Schikanen rechnen, sobald man den Antrag gestellt hatte. Nun wird die Ausreise fast zum Routinefall. Vom Antrag erfahren natürlich sofort der Betriebs- und der Schulleiter. Aber immer öfter ändert sich für den Auswan- derer zunächst gar nichts. Er wird vielleicht genauer beobachtet, ob er auch bis zum letzten Moment seine volle Leistung erbringt. Erst am allerletzten Arbeitstag erfahren die Kollegen vom Abschied eines „Ausreißers".

Relativ lautlos geht es am ehesten dort zu, wo sich die strammsten SED-Funktionäre höchstpersönlich schon in den Westen abgesetzt haben. Es sollen nicht wenige sein. Aber das Misstrauen der Behör- den etwa bei Eltern, die ihren ausgereisten Sohn in Hamburg besu- chen wollen und die Tochter als Pfand zurücklassen, ist immer noch groß. Da wird schon bei den Nachbarn herumgeschnüffelt, ob ihnen vielleicht billige Möbel angeboten worden sind. Der interessanteste Teil der „Leipziger Volkszeitung" ist ohnehin der Inseratenteil. Das Gros unter „Haushaltsauflösung" hat mit Ausreiseanträgen zu tun.

Die Flutwelle westwärts reißt aber empfindliche Lücken nicht nur in die offizielle Infrastruktur des Arbeiter- und Bauernstaats, son- dern auch in das fein gesponnene inoffizielle Versorgungsnetz. Da die planwirtschaftliche Versorgung im Alltag nur in überraschenden Ausnahmefällen funktioniert, hat jeder Ostdeutsche sein Geflecht aus Beziehungen sorgfältig aufgebaut. Nur so lässt sich überleben. Ein Leipziger stellt alle Ideologie auf den Kopf: „Wissen Sie, bei uns muss man nicht Marx und Engels kennen, sondern Hinz und Kunz."

## BÜCKWARE UND BESTECHUNGEN

Die Ausreisewelle schwemmt den einen Hinz, den anderen Kunz hinweg. Die Lücken sind kaum noch zu schließen. Es fehlt an Le- bensmitteln, Materialien und Dienstleistungen an allen Ecken. Preu-

Schlangestehen für Pfirsiche (Foto: dpa)

ßische Tugenden sind im täglichen Sumpf von Bestechungsgeldern, Tauschgeschäften und Schwarzmarkt untergegangen.

„Bückware" – die Verkäuferin bückt sich unter die Ladentheke, um zurückgehaltene Ware hervorzuholen – gibt es nur für Leute mit Beziehungen. Der Gemüsehändler legt dem Metzger Ware zurück, der zieht den Schinken aus dem Verkehr und besorgt sich damit ein Paar Schuhe. Der Schuhverkäufer hat Devisen und muss damit das Baumaterialienlager bestechen, damit er für die Sanierung seiner Wohnung Leitungsrohre bekommt. Dieses Beziehungsgeflecht macht alle von allen abhängig.

Ein Taxifahrer, der eben am Stadtrand von Leipzig sein Einfamilienhaus baut und dringend Fenster braucht, erzählt: „Wenn der Chef des Materiallagers nach Mitternacht von der Kneipe heimgefahren werden will, ruft er mich einfach an. Was soll ich machen, ich muss aus dem Bett, obwohl ich gar nicht Dienst habe, und den heimbringen. Ich kann mir das nicht erlauben, sonst flieg ich aus dem Beziehungsnetz raus!" Dass der Fahrer überhaupt angerufen werden kann, macht ihn schon zum Privilegierten. Nur wer beim Staatssicherheitsdienst arbeitet oder „Kämpfer" ist, also im Ernstfall seinen Betrieb verteidigt, der hat rasch seine Telefonnummer.

So mancher Besucher der Leipziger Herbstmesse, der wegen der beschränkten Hotelkapazitäten im Privatquartier übernachtet, muss feststellen, dass der mattschwarze Telefonapparat im Vorzimmer seiner Gastgeber gar kein Telefon ist, sondern eine Attrappe. In den Neubaugebieten am Stadtrand geht die Telefonleitung zwar bis in die Wohnung, „aber auf den Anschluss warten wir schon sechs Jahre", erzählt ein Reisebüromitarbeiter. „Hoffentlich haben wir jetzt die Hälfte der Wartezeit hinter uns."

Ein 75-jähriger Rentner, ehemaliger Lehrer, wartete 14 Jahre lang auf ein Telefon, wegen der schweren Erkrankung seiner Frau sogar mit Dringlichkeitsantrag. Das Problem ist mittlerweile hinfällig. Die Frau ist vor kurzem gestorben, das Telefon jetzt erst recht nicht bald in Aussicht.

Im Fall einer Übersiedlung wird das Telefon abmontiert. Der neue Mieter muss sich wieder mit einer Attrappe begnügen. Das Telefon ist jedoch die allerletzte Sorge eines Häuslebauers. „Wer sich eine Datscha hinstellen will und keine Beziehungen hat, für den ist das eine Lebensaufgabe", schildert ein Leipziger, dessen Haus in nur einem Jahr fertig war. Gekostet hat ihn das Tempo ungefähr doppelt so viel, wie das Haus sonst wert ist.

## „AUS DER WIRTSCHAFT MEHR HERAUSHOLEN"

„Der Erich", erzählt ein Kirchenangestellter und meint den Staatsratsvorsitzenden Honecker, „der hat vor ein paar Jahren gesagt: ‚Wir müssen aus der Wirtschaft mehr herausholen.' Und genau das macht jetzt ein jeder auf seine Weise." Die Geste mit der hohlen Hand verrät alles.

Selbst öffentliche Institutionen haben Probleme. Für Gebäuderenovierungen müssen Kupferdrähte im Westen besorgt werden, dann sind auch Isolierbänder und Steckdosen im ganzen Bezirk Leipzig nicht aufzutreiben. So wird überall viel improvisiert und auf Kosten der Sicherheit gepfuscht. Erst recht, wenn sogar staatliche Einrichtungen vergeblich auf den Elektriker warten und der Chauffeur des Institutsdirektors einspringen muss.

„Ich arbeite bei der Gebäudewirtschaft", erzählt ein junger Elektromeister aus seinem Betrieb. „Wissen Sie, was wir machen?" Er liefert gleich selbst die plastische Antwort: „Einen Scheiß nach dem anderen." Niemand sei für irgendetwas zuständig, jeder rede sich auf die nächsthöhere Ebene heraus. „Entweder mach ich alles falsch, oder dieses System ist falsch." Die Frage meint er rhetorisch. Denn sein Entschluss, in den Westen auszusiedeln, steht bereits fest.

Diebstähle von Spülkästen oder Armaturen aus öffentlichen Bedürfnisanstalten sind typische Verzweiflungstaten von Häuslebauern. „Wer eine WC-Schüssel (Anmerkung für meine österreichischen Leser: Klomuschel) will, muss schon ein paar Hunderter hinblättern, damit er nicht vertröstet wird." Badewannen, gebraucht, werden in Zeitungsinseraten zu Höchstpreisen gehandelt. Glühbirnen sind reine Zufallstreffer. Man kriegt zwar welche, „aber jede zweite ist schon kaputt, bevor man sie hineindreht".

Berlin wird in jeder Beziehung bevorzugt. Die Hauptstadt der DDR gilt nicht als typisch; man unterscheidet zwischen der DDR und Ostberlin. Wenigstens zu Messezeiten, also zweimal im Jahr, wird auch Leipzig besser versorgt als der Rest der Republik. Pfirsiche, Wassermelonen, in der Messewoche überall in der Stadt erhältlich, haben sonst Seltenheitswert. Schnell spricht sich herum, wo es was gibt. Aus dem Nichts formiert sich eine lange Schlange vor dem Gemüsegeschäft, das nichts anderes als grünen Paprika verkauft. Der Stand mit den Zwetschgen findet kein Interesse. Davon hat jeder schon genug zu Hause. „In Thüringen gibt's nicht einmal Tomaten und Gurken", ist zu erfahren. „Und die wehren sich nicht! Das wär in Leipzig nicht möglich!"

## ERNTE OHNE TRAKTORISTEN

Allgemeiner Frust, Arbeitsunlust, die mächtige Auswanderungswelle, verbunden mit den Lieferverpflichtungen an die Sowjetunion, wirken sich aus. Die Traktoristen werden so schlecht bezahlt, dass sie gar nicht mehr zur Ernte fahren, sondern Disziplinarstrafen bevorzugen.

Auch der Linienverkehr muss zusammengestrichen werden. Der Abgang von Bus- und Straßenbahnfahrern sowie das Zugpersonal lässt sich nicht mehr ausgleichen. Busse sind im Notstand – im wortwörtlichen Sinn.

Der eigene Pkw ist nicht immer eine brauchbare Alternative. Entweder hat man noch keinen, weil man nicht nur auf die Wohnung viele Jahre, sondern auch auf die Zuteilung seines Trabant oder Wartburg fast zwei Jahrzehnte wartet, oder aber das Auto steht. Die Ersatzteilversorgung ist so katastrophal, dass die Autofahrer, wenn sie ihren Zweitakter in die Werkstatt bringen, befürchten müssen, dass die Mechaniker die anderswo dringend benötigten Kleinteile ausbauen und etwa einen Benzin- durch einen gewöhnlichen Wasserschlauch ersetzen.

Ein neuer Trabant kostet 19.000 DDR-Mark, ein neuer Wartburg an die 30.000. Nach einigen Jahren hat der Trabant seinen Wert verdoppelt. Auf dem Schwarzmarkt zahlt, wer sich die Wartezeit ersparen möchte, 50.000 Mark in bar. Und das bei einem Durchschnittsverdienst von 1.000 Mark monatlich. Ein 20-jähriger Trabant kostet immer noch 25.000 Mark.

Besonders empfindlich leidet unter der Ausreisewelle die medizinische Versorgung. Die Ärzte – sie verdienen kaum mehr als Produktionsarbeiter – setzen sich reihenweise ab. In der Lutherstadt Wittenberg soll es keinen einzigen Arzt mehr geben. Auf dem Land herrschen katastrophale Zustände. Aber auch in den Städten müssen Operationen von Knochenbrüchen mehrfach verschoben werden. Auf ein neues Gebiss wartet man zwei Jahre.

In zahlreichen Krankenhäusern sind bereits Stationen geschlossen worden. Betriebsärzte müssen die Aufgaben von Allgemeinmedizinern (für die österreichischen Leser: praktischen Ärzten) übernehmen. Behandlungstermine und Operationen werden hinausgeschoben. Ganze Landkreise haben inzwischen keinen Augen- oder HNO-Arzt mehr. Wer vom Krankenhausaufenthalt kommt, berichtet, praktisch nur ganz junge Assistenzärzte und ältere Medizinalräte gesehen zu haben.

Die Tochter einer Ärztin, eine 20-jährige Studentin, wundert sich, dass die Leute vier Stunden lang in der Arztpraxis warten, geduldig hineingehen und geduldig herauskommen. „Die Patienten müssten doch als Allererste einmal einen Aufstand machen", meint sie. „Die ertragen das lange Warten nur deshalb, weil der Arztbesuch in ihre Arbeitszeit fällt."

Der Mittelbau in der DDR wird immer dünner. In der Zentralen Aufnahmestelle im hessischen Gießen (nahe Frankfurt am Main) findet so mancher seinen Arbeits- oder Jahrgangskollegen wieder. Oder seinen zuständigen SED-Funktionär.

# DDR-TELEFON: FASSE DICH KURZ!

---

Das Telefonnetz der DDR stammte zum Teil noch aus den zwanziger Jahren. Das letzte „Fernsprechbuch" der DDR-Hauptstadt erschien 1989. Es wurde zum Zeitzeugnis der Veränderungen. Eine Telefonbuchbesprechung.

---

Als kurz vor der Wende das Kollektiv des „Grafischen Großbetriebs Völkerfreundschaft Dresden" das DDR-Telefonbuch fertigstellte, wusste keiner der Arbeiter, welches historische Dokument sie herstellten. Es sollte das letzte „Fernsprechbuch" für die Hauptstadt der DDR werden. Ein Zeitzeugnis der Veränderungen. Der 640 Seiten dicke Wälzer war für 1989 bestimmt. Das letzte Telefonbuch davor trug die Jahreszahl 1986. Der Abstand hatte immer drei Jahre betragen. Das reichte. Viel geändert hatte sich ohnehin nicht, und mit Papier musste sparsam umgegangen werden.

Die Ausgabe von 1986 war anscheinend recht populär und die von 1989 sogar ein Bestseller, der vergriffen war, oder vielleicht ein Staatsgeheimnis, nicht für die Öffentlichkeit bestimmt. Es kostete mich nämlich fast einen ganzen Arbeitstag mit vielen Bittgängen, um ein solche Rarität zu erhalten. Vielleicht, weil es das einzige Buch war, in dem das DDR-Regime die Bevölkerung nicht anlog? Obwohl bald nach Erscheinen die meisten Einträge nicht mehr stimmten, sollte es noch mehr als eineinhalb Jahre dauern, bis das erste Gesamtberliner

Rarität: Das letzte Telefonbuch der DDR erschien 1989. Das ist eine Buchbesprechung wert. (Foto: Max Malik)

Telefonbuch herauskam. Von den etwa 205.000 Einträgen behielten großteils nur die privaten Anschlüsse ihre Gültigkeit.

Ansonsten hat sich alles geändert. Schon auf den Umschlagseiten. Vorne: Berlin war dann nicht mehr die Hauptstadt der Deutschen Demokratischen Republik. Hinten: Die Anzeige „Wir erwarten Sie im Palast der Republik mit Theater, Galerie, Disko und Restaurants" ist überholt. Der „Palazzo prozzo" war asbestverseucht und wurde geschlossen, sehr viel später abgerissen.

Die Gesprächsgebühren auf den Seiten 6 bis 8 waren noch die gleichen wie aus den Anfängen der DDR. Sie hatten sich in vierzig Jahren nicht verändert. Nach der Wende galten sie natürlich nicht mehr. Der Kasten „Signale zur Warnung" hat ebenfalls rasch seine Bedeutung verloren. Die Sirenenfolge für Katastrophenalarm, Luftalarm, chemischen Alarm oder für „gefahrdrohende Situation" ist ein Rhythmus vergangener Zeiten.

Die „Hinweise zur Benutzung" galten freilich noch eine Weile, waren doch die Leitungen noch lange völlig überlastet: „Im Interesse der gegenseitigen Rücksichtnahme und besseren Erreichbarkeit: FASSE DICH KURZ!" Und weiter: „Die Benutzung des Fernsprechanschlusses bei Gewittern erfolgt auf eigene Gefahr." Das ging bis zum Tipp: „Wählen Sie die Nummer von links beginnend ohne Verzögerung."

Überholt war auch die Seite mit den internationalen Anschlüssen. Dort waren nämlich die Bundesrepublik und Berlin (West) noch unter „Ausland" angeführt. Überholt war ferner die Spalte mit den diplomatischen Vertretungen, auf die die DDR so stolz war, bedeuteten sie doch internationale Anerkennung. Die Botschafter bereiteten aber gerade ihren Auszug aus Ostberlin vor.

## EIN TELEFONBUCH VOLLER KARTEILEICHEN

Wohin das Auge springt, erblickt es Karteileichen. Den Ministerrat der DDR gibt es nicht mehr, auch das „Institut für sozialistische Wirtschaftsführung des Ministeriums für bezirksgeleitete Industrie und Lebensmittelindustrie" nicht mehr, die HO (Handelsorganisation) ebenso wenig wie die „Akademie der Gesellschaftswissenschaften beim Zentralkomitee der SED". Wer den Kombinatsdirektor sucht, landet nun im Vorzimmer eines GmbH-Geschäftsführers.

Ferner: Die Nationale Volksarmee gehört seit 3. Oktober 1990 zur Bundeswehr. Die Volkspolizei heißt Polizei. Umgekehrt sucht man noch vergeblich nach den Parteizentralen von SPD, DSU oder Neuem Forum. Oder etwa nach einer Werkstätte für Westautos.

Geändert hat sich einiges bei den Tonbanddiensten. Unter der Nummer 1258 hört man nach der Wende: „Hier ist der Ansagedienst der

Deutschen Bundespost – Telekom. Wir geben Ihnen bekannt, dass die Informationen zur Berufsberatung eingestellt wurden. Dieser Hinweis ist gebührenfrei."

Das Kinoprogramm aus dem Ostteil wird noch lange angesagt (1242 und 1243). Dass dann auch die Westberliner Kinoprogramme durchgegeben werden: Wer soll das wissen, wenn dies noch nicht im Telefonbuch steht?

## AUCH DAS „TELEFON DES VERTRAUENS" WURDE ABGEHÖRT

Das „Telefon des Vertrauens", eine Art Telefonseelsorge, betrieben vom Ostberliner Magistrat, funktioniert noch lange Zeit (437 7002). Viel Vertrauen war jedoch auch hier nicht angebracht, da die Stasi-Leute sogar in den Beichtstühlen ihre Wanzen angebracht hatten.

Der Hinweis von Seite 639 galt indes nicht für alle. Demnach soll, wer beim Verbindungsaufbau (gemeint ist: beim Wählen) in ein Gespräch gerät, auflegen und „den Vorgang wiederholen". Die Stasi hielt sich nicht dran. Ihr monströses Ministerium für Staatssicherheit übrigens war im Telefonbuch mit nur drei Zeilen präsent. Im ersten Gesamtberliner Telefonbuch fehlte es dann komplett.

Probleme bei der Beschaffung des Fernsprechbuchs waren der harmloseste Teil der Telefonmisere in der DDR. Das System stammte zum Teil noch aus der Zeit vor dem Zweiten Weltkrieg.

Da war die 25-jährige Studentin aus Leipzig, die in der Singerstraße in Berlin-Friedrichshain eine 27 Quadratmeter kleine Wohnung bezog. Sie ärgerte sich dort über die hohen Telefonrechnungen, die sie laufend erhielt. Name und Adresse stimmten. Telefonnummer und Betrag waren ihr ein Rätsel. Sie hatte in der Wohnung nämlich gar kein Telefon – so wie fast alle anderen Bewohner in ihrem Hochhaus.

Nachdem sie die Rechnungen zurückgeschickt hatte, stand – ohne Antrag, ohne Auftrag, ohne Voranmeldung – ein Telekom-Mann mit einem Apparat vor der Türe. Der Elektriker wollte das Telefon gleichsam der Rechnung „nachreichen". Die junge Frau wusste, dass Millionen DDR-Bürger ewig auf ein Telefon warteten, und war überglücklich. Aber jedes Mal, wenn es bei ihr läutete, dachte sie an die neidischen Nachbarn. Natürlich wurde gemunkelt, sie habe für die Stasi gearbeitet und sei deshalb bevorzugt worden.

Die Masse der privaten Telefonkunden muss nämlich auch nach der Wende weiter warten. Die Telekom hatte es – entgegen ihren Versprechungen – nicht geschafft, bis zum Jahreswechsel 1991/92 wenigstens die Geschäftsleute in Ostberlin und den neuen Bundesländern mit Telefonanschlüssen zu versorgen, was ja für den erhofften Aufschwung essenziell gewesen wäre.

Ein kleines Beispiel für das kreative Chaos, das nach der Wende herrschte: Wo das Telefonsystem aus den zwanziger und dreißiger Jahren stammte, insgesamt nur 16 Prozent der DDR-Haushalte versorgt waren und Wartezeiten für Neuanschlüsse Jahrzehnte dauern konnten, dort sollte in wenigen Jahren das modernste Kommunikationsnetz Europas oder gar der Welt fertig sein.

Bevor die Uralt-Technik aus DDR-Zeiten ausgetauscht wird, müssen sich viele Geschäftsleute gedulden, die nicht so viel Glück hatten wie die 25-jährige Leipzigerin in der Singerstraße. Etwa der Juwelier, der nach einem Einbruch eine funktionierende Telefonzelle suchen muss, um die Polizei zu alarmieren. Oder die Reisebüroinhaberin, die für jede Buchung zur nächsten Zelle radeln muss.

1,6 Millionen unbearbeitete Anträge hinterließ die DDR-Post der Telekom. Der älteste Antrag war 28 Jahre alt. Weitere Anträge kamen seit der Wende hinzu. Als aber die neuen Anschlüsse verteilt werden sollten, erlebten die Telekom-Experten wieder Unglaubliches: Sie wurden die Telefone nicht los. Gerhard Zeidler, damals Vorstandsvorsitzender der Standard Elektrik Lorenz (SEL), schilderte im Gespräch mit Auslandskorrespondenten die Tücken der alten, längst überholten Listen. „Die Hälfte der Namen war gar nicht mehr da, die meisten Betriebe hatten geschlossen. Wir mussten die Listen neu durchgehen und hatten in manchen Städten sogar Probleme, die Leitungen an den Mann zu bringen!"

Andere Probleme bei ihrer Pionierarbeit bereiteten der SEL Bürgermeister und Bürgerinitiativen. Um das Netz möglichst schnell zu verdichten, mussten Freileitungen oft von einem Laternenpfahl zum nächsten verlegt werden. Die Vermittlungsstellen waren vorläufig in Containern untergebracht. Das provozierte Widerstand und Misstrauen. Eine Bürgerinitiative forderte allen Ernstes, die Richtfunktürme nicht auf den Berg zu stellen, sondern ins Tal zu verbannen, „damit man sie nicht sieht". Solche Türme erinnerten die Leute immer noch an die Stasi.

Weitere Probleme waren die unklaren Eigentumsrechte an jenen Geländen, auf dem ein Richtfunkturm oder die Vermittlungsstelle errichtet werden sollte.

In Bonn hatten wir Korrespondenten ein Jahr nach dem Fall der Mauer ein Gespräch mit Christian Schwarz-Schilling über die Telefonzukunft in Ostdeutschland. Er war Bundesminister für Post und Telekommunikation – diesen Beruf gibt es längst nicht mehr – und gehörte zur CDU. Die deutsche Post habe einen Weltrekord vor sich, weil es noch nie vorgekommen sei, dass ein ganzes Land innerhalb kürzester Zeit mit einem Telefonnetz zu versorgen sei, sagte er damals.

Die Frage sei aber nicht, was die Deutschen anschließend mit dem dabei gewonnenen Know-how machten, sondern vielmehr, ob sie trotz ihrer Riesenaufgabe in Ostdeutschland im Weltprozess ihr Know-how halten könnten. „Ich habe die Sorge, dass in der Welt die Entwicklung der Mikroelektronik mit Riesenschritten weiterläuft, während wir uns auf die frühere DDR konzentrieren und uns alle anderen modernen Industriestaaten überholen."

Die ehrgeizigen deutschen Pläne mussten bald heruntergeschraubt werden. Hieß es anfangs, spätestens in fünf Jahren habe die Ex-DDR das modernste Telefonnetz der Welt, begnügte man sich bald mit der Hoffnung, in sieben Jahren wenigstens den aktuellen westdeutschen Standard auch für die ostdeutschen Bundesländer zu erreichen.

Sogar Bundeswehrsoldaten halfen beim Leitungsnetz mit. Sie wurden in den Orten eingesetzt, die noch überhaupt nicht ans Telefonnetz angeschlossen waren. Wenigstens eine öffentliche Fernsprechzelle sollte vor das Bürgermeisteramt gestellt werden. Außer mit Montagetrupps half die Bundeswehr auch mit Richtfunkgeräten und kleinen Containervermittlungsstellen aus.

Schwarz-Schilling sagte, der Zustand sei schlimmer als in Entwicklungsländern und schlimmer als nach einem Erdbeben, weil es in der DDR keine Blaupausen oder Pläne gegeben habe. „Die Technik stammt zum Teil aus den zwanziger Jahren. Zum Beispiel können die mechanischen Drehwähler noch in Funktion besichtigt werden."

So trieb die „Deutsche Bundespost", später die „Deutsche Bundespost – TELEKOM" und noch später die „Deutsche Telekom" als Rechtsnachfolger der „Deutschen Post der DDR" den zügigen Ausbau des ostdeutschen Telefonnetzes voran. Nur am Rande sei erwähnt, dass in unserem Gespräch der damalige Postminister einer Privatisierung der Post eine glatte Absage erteilte.

Bei so viel Aufbauarbeit hatte die Telekom übrigens keine Leute frei, gewissen technischen Auffälligkeiten nachzugehen: Mit nur zwei Mitarbeitern überprüfte sie die sensiblen Leitungen des Regierungsnetzes, der Treuhandanstalt und des Berliner Senats sowie die Abhörmöglichkeiten der Stasi-Unterlagen-Behörde (damals Gauck-Behörde). Da gab es noch technisch unsinnige, aber geheimdienstlich sinnvolle Umwegschaltungen, über die auch noch die Gauck-Behörde abgehört werden konnte. Bis illegale Leitungsführungen zwischen den Ostberliner und den Westberliner Polizeistellen beseitigt wurden, verging ein halbes Jahr.

# KLAPPERN UND RATTERN

Am Rande des Festakts Ende 1997, als Bundeskanzler Kohl und Telekom-Chef Ron Sommer „das modernste Telekommunikationsnetz der Welt" offiziell in Betrieb nahmen, schilderte der damalige Telekom-Technikvorstand Gerd Tenzer den Notstand: „Was wir da vorgefunden haben, stammte zum großen Teil aus 1922." Das mechanische Klappern und Rattern in den Vermittlungsstellen sei „kaum zu ertragen", die 50 bis 70 Jahre alten Erdkabel oft nur mit Papier isoliert gewesen.

Man behalf sich mit Ersatzlösungen wie ZGA (Zeitgemeinschaftsanschluss), GA (Gemeinschaftsanschluss) oder GUm (Gemeinschaftsumschalter). So bekam beispielsweise ein Telefonteilnehmer verschiedene Uhrzeiten zugeordnet. Firmenleitungen wurden nach Geschäftsschluss auf Privatanschlüsse umgeschaltet. Oder es gab Zweier- oder sogar Viereranschlüsse, also Mehrfachnutzung einer Amtsleitung. Oder man musste ein Gespräch aus der Provinz in die Hauptstadt anmelden und wurde viele Stunden später, womöglich auch bei Nacht, zurückgerufen.

Die Verbindungen zwischen Ost- und Westdeutschland waren – bewusst – am schlechtesten von allen Auslandsverbindungen. Das kann ich bestätigen: Von meiner Ostberliner Bürowohnung erreichte ich meine Familie in Bonn am besten gegen zwei Uhr nachts. Westdeutsche konnten die DDR nur über 690 Leitungen erreichen. Von DDR-Seite gab es nur 111 Stränge. Wenig genug, um alle Gespräche lückenlos abhören zu können.

Lückenlos abgehört wurden übrigens sogar die Telefonzellen in Westberlin, besonders die nahe den Grenzübergängen. Die Stasi kalkulierte, dass sich Anrufer nach Passieren der Grenze auf der Westseite sicher gefühlt und in der Fernsprechzelle offen geredet haben. Natürlich waren auch die Telefone im Reichstag verwanzt. Bevor das Gebäude von Christo verhüllt, für den Bundestag total saniert und mit der markanten Kuppel Norman Fosters ausgestattet wurde, diente der alte Reichstag gelegentlich als Konferenzort. Ich wollte einmal einen Artikel aus meinem Olivetti M10 per Akustikkoppler – jene Vorrichtung mit Gummilaschen, in die der Telefonhörer gepresst wurde – nach Wien übermitteln. Doch der nagelneue Akustikkoppler war zu schwach, mein Text ging nicht durch. Die Erklärung war: Angezapfte Leitungen haben weniger Strom – zu wenig für den Akustikkoppler.

Noch heute würde ich gern die Gesichter der Abhörer sehen, die mit dem ekligen Geräusch der erfolglosen Datenübertragung wohl nichts anzufangen wussten.

# WITZ ALS WAFFE UND VENTIL

Nicht alle finden das lustig, was ich am Telefon diktiere. Kurz vor dem Abflug am Flughafen Leipzig übermittle ich – neun Wochen vor dem Mauerfall – an die Wiener Redaktion einen Artikel über die Ventilfunktion von Satire, Witz und Spott. Ein Text voller Pointen. Doch beim Diktieren ist mir alles andere als zum Lachen zumute.

„So schöne Mädchen haben wir hier", schwärmte der Leierkastenmann auf dem Leipziger Marktplatz und deutete in seine große Zuhörermenge. „So schöne Mädchen! Bloß schade, dass die meisten für den Export bestimmt sind!" Befreiendes Gelächter.

Lachen war wohl das Wichtigste, das den unerträglichen Druck im DDR-Kessel ein bisschen rausließ. Die anderen Ventile waren Ausreiseanträge und Fluchtversuche, Friedensgebete und Demonstrationen, gravierender Alkoholismus sowieso.

Das wichtigste Ventil und die wichtigste Selbstverteidigungswaffe waren politischer Spott und Satire. Der Werkelmann auf der Straße, die Kabarettisten im „Academixer"-Keller neben der Karl-Marx-Universität, Kellner und Taxifahrer gegenüber ihren Gästen sowie satirische Magazine wie der „Eulenspiegel" – manche artikulierten sich mitunter erstaunlich scharf.

Erstaunlich war auch die Wirkung meines Textes am öffentlichen Telefonapparat in der Flughafenhalle. Das Telefon befand sich nicht in einer abschirmenden Zelle, sondern frei im Raum, genauso minimalistisch, wie die Deutsche Telekom heute ihre öffentlichen Fernsprecher betreibt. Bloß das Design war anders.

Die Halle des Flughafens war während der Leipziger Messe von Stasi-Leuten durchsetzt. Die Verbindung nach Wien war aber so miserabel, dass ich beim Diktieren meines Artikels die Zeilen langsam und laut vorlesen und die Pointen deutlich wiederholen musste, damit sie die in Wien aufnehmende Sekretärin im Kopfhörer versteht.

## DIE UNSCHULD VOM LAND

Ich schilderte für die Leser, wie die Kabarettgruppe „Academixer" so ziemlich alles aufspießte, was in der DDR nicht funktionierte. Und das war abendfüllend. Karten für die Abende gab es nur auf Vorbestellung oder über Beziehungen.

„Die Unschuld vom Land" hieß die aktuelle Vorstellung während der Messezeit. Einen Abend lang wurde der Schuldige für die Zustände in der DDR gesucht. Das Urteil am Schluss: Freispruch für alle aus Mangel an Beweisen – oder lebenslänglich für alle auf Bewährung.

Während des Telefondiktats merkte ich, wie sich aus verschiedenen Richtungen ein paar Männer mit verdutztem Gesicht näherten. Unauffällig langsam und hochkonzentriert. Als könnten sie nicht fassen, was sie da hören. Vielleicht hat sie obendrein der österreichische Akzent verunsichert und etwas zögern lassen.

Ich deutete der Sekretärin an, dass ich möglicherweise gleich unterbrochen werden könnte, setzte aber den Artikel mit ein paar knappen Witzen über die Versorgungslage fort, die sich in den letzten Jahren der DDR verschlechtert hatte. Etwa: Wieso ist die Zitrone so sauer? Weil sie die einzige Südfrucht ist, die in die DDR muss. Oder, die erbärmliche Obstversorgung kritisierend: Wussten Sie schon, dass die Obstfliege in der DDR unter Naturschutz steht?

Der Drehorgel-Rolf in Leipzig, 1989: Mit seinem Leierkasten stets auf Gratwanderung zwischen Spaß und Stasi – nicht nur mit seinen Texten, sondern sogar mit der Kopfbedeckung: Seinen Hut zierten die Wörter „Morgen" (hinten) und „Freiheit" (vorne), ausgeschnitten aus den DDR-Zeitungstiteln „Der Morgen" und „Freiheit". (Foto: dpa)

Oder: Was denkt eine DDR-Hausfrau, wenn sie mit leerem Einkaufsnetz vor der Kaufhalle steht? „Jetzt weiß ich nicht: War ich schon drinnen oder noch nicht?" Oder: Was kriegt eine Kundin im Kaufhaus zu hören, wenn sie nach Damenstrümpfen fragt? „Hier gibt es keine Kinderstrümpfe. Keine Damenstrümpfe gibt es im ersten Stock."
Zur katastrophalen Versorgung mit Ersatzteilen für den Trabi, der ja das stinkendste und umweltschädlichste Auto der Welt war: Dank der Ersatzteillieferung war der Trabant eigentlich das umweltfreundlichste Fahrzeug. „Denn wenn er steht, ist er umweltfreundlich, und wegen des Ersatzteilmangels steht er sehr oft."
Die Witze aus dem Kabarett waren natürlich rasch Allgemeingut. Zum Beispiel der vom Treffen Erich Honeckers mit Michail Gorbatschow. „Ich habe 100 Arbeitszimmer, und in einem wird gesoffen. Ich kriege nicht heraus, in welchem", klagt der sowjetische Staats- und

Parteichef. Darauf der SED-Generalsekretär: „Ich habe 100 Kombinate, wo gesoffen wird, und in einem wird gearbeitet. Ich finde auch nicht heraus, in welchem."

Um mich herum wurde der Kreis in der Flughafenhalle immer kleiner. So etwas hatten die Männer sicher noch nie erlebt. Darauf waren sie nicht geschult, dass da jemand in aller Öffentlichkeit langsam, laut und deutlich Witze über die DDR-Führung diktiert. Ich sprach jedenfalls immer schneller.

## TROTTELEI IN DER FÜHRUNG

Mitunter gingen die Kabarettisten unerwartet weit, als wollten sie die Grenzen austesten. Im letzten Moment wurde die scharfe Kritik noch relativiert, und dann sagte der Schauspieler: „So, jetzt sind wir wieder fein heraus." Dabei hatten die Academixer volles Verständnis für die Situation der Regierung. „Vierzig Jahre lang waren alle gleich, nun ist alles allen gleich. Kein Wunder, wenn die Regierung die Schnauze voll hat und nicht mehr regieren will."

Sie wussten auch, warum der einzelne Bürger jeden Abend so müde war: „Weil es mit der DDR schon vierzig Jahre bergauf geht."

Einmal war sogar von Trottelei in der Führung die Rede. Da zuckte einer auf der Bühne zusammen, blickte ängstlich um sich und sagte: „Das kann man doch nicht so im Raum stehen lassen." Stille. Zum Publikum gewandt, fragte er: „Will denn niemand was sagen?" Knisternde Stille. Er resignierte: „Dann müssen wir es doch so im Raum stehen lassen."

An dieser Stelle hörte ich in der Reihe vor mir das Getuschel zweier Ehepaare, die miteinander ernsthaft überlegten, ob sie darüber jetzt „eine Meldung machen" sollten oder nicht.

Das Kopfsteinpflaster der Straßen Leipzigs wurde, säuberlich gewaschen, an die BRD verkauft. Dort landete es in den Fußgängerzonen zwischen Deichmann, Schlecker und McDonald's. So besorgte sich etwa die Stadt Aachen viele Tonnen dieser Steine für die eigene Stadtgestaltung und übernahm auch gleich die Kosten für die Modernisierung der aufgerissenen Fahrbahnen in Leipzig. Dies muss man wissen, um den Spruch zu verstehen: „Ich wollt', ich wär ein Pflasterstein, ich könnte schon im Westen sein!"

Nicht Dissident, sondern Ventil für die Leute auf der Straße wollte der „Drehorgel-Rolf" sein. Rolf Becker aus Halle, damals 42 Jahre alt und eigentlich Ingenieur für Verkehrswesen, war für seine politischen Sticheleien schon achtmal die Lizenz entzogen worden. Aber dann hatte er seine Ruhe: Erstens weil er im Februar in einer Leipzig-Reportage der sowjetischen „Prawda" positiv weggekommen war, zweitens weil er als Weltrekordhalter im Dauerorgeln eine gewisse Berühmtheit erlangt hatte, und drittens, weil die DDR-Behörden offenbar akzeptierten, dass er kein Agitator sein wollte.

So konnte er ungestraft seine Bemerkungen zur Massenflucht machen wie jene vom Mädchenexport oder diese: „DDR-Schrittmacher sind die besten der Welt." Oder über den Trabi. Der habe beim Windkanaltest den zweiten Platz belegt. Der erste Platz sei an eine Schrankwand gegangen.

Bloß das österreichische Tischfähnchen, das seine Drehorgel noch einen Tag vor dem Beginn der Leipziger Messe geziert hatte – er durfte einmal beim österreichischen Handelstag auftreten und die Fahne behalten –, die musste er entfernen. Man hatte ihm nahegelegt, „nicht die Messegäste zu verwirren".

Ich war beim letzten Absatz des Diktats angelangt und versuchte, zugleich laut und leise zu sprechen. Deutlich wegen der schlechten Verbindung, gedämpft wegen dieser Aufpasser.

Der Ober im Weinkeller eines traditionsreichen Lokals erzählte den Gästen seinen neuesten Witz, der sich auf Honeckers Erkrankung und das Zentrale Aufnahmelager für DDR-Übersiedler in Hessen bezog. Honecker verbat sich im Krankenhaus Blumen. „Denn Blumen muss man gießen. Und Gießen kann der Staatsratsvorsitzende nicht mehr hören."

Es war verdammt knapp. Ich hängte den Hörer ein, hechtete in Richtung Bordkartenkontrolle und war froh, kurz darauf unbehelligt in der Maschine zu sitzen. Was die Flughafen-Männer nach meinem Wien-Telefonat besprochen und ob sie eine Meldung gemacht haben, ich will es nicht wissen.

Der Drehorgel-Rolf hat sich inzwischen auf die Globalisierung eingestellt, nennt sich jetzt D-Rolf und ist als sächsisches Original mit seinem Trabi (26 PS) weltweit unterwegs. Auch die Academixer spielen in Leipzig immer noch. Der Stoff scheint ihnen auch ein Vierteljahrhundert nach der Wende nicht ausgegangen zu sein. Nur die „Mädchenexporte", die sind unwiderruflich im Westen geblieben. Die jungen Frauen fehlen in Sachsen bis heute.

# DEMONSTRATIONEN

# DIE MONTAGSDEMOS IN LEIPZIG

Leipzig, zwei Monate vor dem Fall der Mauer.
Der Nikolaikirchhof vibriert. Friedensgebete und
Montagsdemos fordern die Kampfhunde des Regimes heraus. Ohnmacht, Wut und Tränen – und
unerschöpflich viel Mut, den die Leipziger und
Plauener den Berlinern voraushatten. 4. September 1989: die erste Leipziger Montagsdemo.

Das „Friedensgebet" hatte noch gar nicht begonnen, da waren die
Gassen rund um den Nikolaikirchhof schon einheitlich grau. Die
Farbe der Vopo-Uniformen verteilte sich gleichmäßig um das öku-
menische Gotteshaus im Leipziger Stadtzentrum, während drinnen
um das Aussprechen von Schuld und um Versöhnung gebetet wurde.
Hunderte im Kirchenschiff, Hunderte vor dem Portal, die meisten
davon Ausreisewillige, durchsetzt von Stasi-Leuten, umzingelt von
Uniformierten, dazwischen Kameraleute Dutzender westlicher
Fernsehanstalten. Während der Leipziger Messe war das nicht zu
verhindern.

Die zum Friedensgebet abkommandierten Geheimdienstler waren
instruiert worden, wie sie sich in der Kirche unauffällig verhalten
sollten: keine Kopfbedeckung, kein Applaus.

Superintendent Friedrich Magirius hatte als Motto des allmontäglichen Friedensgebetes den 50. Jahrestag des Kriegsausbruchs gewählt.
„Worunter wir heute leiden, worüber wir uns heute beklagen, das hat

seine Ursache damals." Wer hierher in die Nikolaikirche gekommen sei, der wolle nicht verdrängen, sondern sich den Tatsachen stellen. Der hoffe, dass „wenigstens die Grenze nach dem Osten aufgemacht wird".

Die Fürbitten konzentrieren sich auf Mut und Geduld für die vielen kleinen Schritte. Dass junge Leute, die etwas verbessern wollen, nicht bestraft werden. Dass jeder in diesem Land wieder gerne wohnt und arbeitet. Die kurze Predigt ist auf Versöhnung angelegt, Versöhnung auch mit den Machthabern in der DDR, und ist dennoch eine Anklage.

Unermüdlich habe er, schildert der Superintendent, seit einem Jahr die Funktionäre gefragt: „Warum antwortet ihr nicht? Wir suchen die Schuld ja auch bei uns und fragen uns, was haben wir falsch gemacht?" Die Schuld müsse endlich ausgesprochen werden, dann müsse man gemeinsam neu anfangen.

Als die vielen jungen Leute aus den Kirchentüren strömen, steigt die Spannung. Es knistert am Nikolaikirchhof. Minutenlanges Abwarten. Die Menge hält sich zurück. Die Volkspolizei auch. Da tauchen zwei Transparente auf: Reisefreiheit, Pressefreiheit, mehr Umweltschutz werden gefordert. Die angespannte Stille wird urplötzlich von tosendem Applaus durchbrochen. Einer schreit: „Wir wollen raus!" Alle wiederholen und skandieren: „Wir wollen raus! Wir wollen raus!" An die Messegäste gerichtet rufen sie: „Nehmt uns mit in die Bundesrepublik!"

Einige Grüppchen rufen das Gegenteil: „Wir bleiben hier! Wir bleiben hier!" Sogar diese harmlosen Worte stören den Staat. Denn sie bedeuten die Forderung nach Reformen und Regimewechsel im Lande.

Die grauen Uniformen kommen näher. Die Volkspolizisten wirken aber unschlüssig. Sie beschränken sich aufs Zuschauen. Das Grobe werden gleich die Kollegen von der Stasi erledigen. In diesem Moment fragt sich wohl jeder dasselbe: Werden die Ordnungshüter durchgreifen, obwohl die Kameras und Fotoapparate westlicher Medien auf sie gerichtet sind? Werden sie ihr wahres Gesicht zeigen, obwohl die Stadt anlässlich der Herbstmesse voll von ausländischen Gästen ist?

Ein Mädchen auf den Schultern des Vaters fragt: „Warum müssen denn da so viele Polizisten aufpassen?" Bevor der Vater antworten kann, stürmt ein Pulk von Schlägertypen in Richtung der Transparente. An die zwanzig Mann in Zivil sind es, die die Demonstranten und Reporter brutal wegstoßen und die Transparente sekundenschnell zu Boden reißen.

Auch ein Plakat – „Für ein freies Land mit offenen Grenzen" – verschwindet Sekunden nach dem Entrollen. Zwei etwa vierjährige Kinder werden im Tumult aufs Straßenpflaster geschleudert, verlieren ihre Schuhe. Ein geparkter Trabi verhindert, dass sie niedergetrampelt werden. Ihre Schreie gehen unter, als die Menge nun fordert: „Stasi raus! Stasi raus!"

So schnell die Rockertypen da waren, so schnell sind sie wieder verschwunden. Mit ihnen die Transparente und ein letztes Stück Illusion: Nicht einmal die westlichen Augenzeugen bremsen die Kampfhunde des Regimes. Die Westpräsenz sorgt aber wenigstens dafür, dass diesmal noch niemand „zugeführt", festgenommen wird.

## MODEERSCHEINUNG IN DER SZENE

Unter der Last, die auf den Seelen vieler DDR-Bürger drückt, müsste der Nikolaikirchhof eigentlich eingebrochen sein. Nicht aller Bürger, gewiss. Viele haben rein wirtschaftliche Gründe für ihren Ausreisewunsch. Ein junger Mann erzählt sogar: „In der Szene ist das eine Modeerscheinung. Studenten, Kellner, Künstler, Spieler, sogar Prostituierte – jeder, der Kohle hat, hat einfach seinen Ausreiseantrag gestellt. Man fragt sich untereinander: ‚Wieso bist du noch da?' Mein letzter Kumpel hat mich vor drei Wochen aus Kassel angerufen. Mich hält hier auch nichts mehr."

Ein anderer meint: „Das Eingesperrtsein in diesem Staat hält keiner mehr aus. Die Generation, die diesen Staat aufgebaut hat, die hat sich damit abgefunden. Aber die Generation, die jetzt hier lebt, die wird sich nie damit abfinden." Dementsprechend drängt es fast nur junge Leute in den Westen. Die Elterngeneration hat resigniert.

Die 41-jährige Datenverarbeiterin am Rande der Demonstration vom Montagabend – sie ist ein Bündel aus Wut und Verzweiflung. Verheult erzählt sie mir, wie sie zusammen mit ihrem Mann und ihrem vierjährigen Sohn vor sechs Wochen aus Ungarn über die Grenze nach Österreich hatte fliehen wollen. Ihr Mann und das Kind schafften es. Dann mussten die beiden zusehen, wie die Frau, als sie zum Sprung über den Wassergraben ansetzte, von den ungarischen Grenzern zurückgehalten und abgeführt wurde.

Die Schreie ihres Sohnes hallen ihr immer noch in den Ohren: „Mutti, Mutti …!" Sie bekam den gefürchteten Stempel in den Pass, darf nie mehr nach Ungarn. „Ich tue alles, wirklich alles, damit ich zu meinem Kind komme. Und wenn ich zwanzig Jahre eingesperrt werde, und wenn ich dabei kaputtgehe. Ich will zu meinem Mann und zu meinem Kind!"

Wir bemerken, dass unser Gespräch konzentriert beobachtet wird. Allzu viele auffällig Unauffällige stehen umher und lauschen. Die Frau verschwindet abrupt in einer Geschäftspassage.

Keine Angst dagegen hat der greise Herbert Roland, auch er mit Tränen hinter seiner dicken Brille, als er das Gespräch anfängt: „Schreiben Sie ruhig meinen Namen", sagt er, „ich habe hier wirklich nichts mehr zu verlieren."

Verloren hat er seine drei Kinder an den Westen, durch legale Übersiedlung, und erst im April seine Frau an den Tod. Als er in der „Leipziger Volkszeitung" eine Todesanzeige veröffentlichen wollte, verweigerte man ihm in der Anzeigenabteilung die drei Worte

„Gott mit uns". Das widerspreche den Vorschriften. Bis jetzt hat er das nicht verkraftet. Er könnte zwar zu seinen Kindern in die BRD ziehen. Aber er bleibt in Leipzig. Er will das Grab seiner Frau besuchen können.

Den Leuten, die da „Wir wollen raus!" rufen und zwei Finger zum Victory-Zeichen in die Luft strecken, ist schon alles egal. Es ist ihnen gleichgültig, ob sie vom Geheimdienst, der sich unter die Reporter gemischt hat, fleißig geknipst, gefilmt, später identifiziert und zwei Tage danach zum Verhör vorgeladen werden.

Ungeniert zeigen sie auf ein bestimmtes Fenster im dritten Stock eines Wohnhauses neben der Nikolaikirche, wo sie die Einsatzzentrale der Stasi während der allmontäglichen Friedensgebete vermuten.

Vor dort oben ergibt sich ein guter Überblick über eine Masse von DDR-Bürgern, die längst kein Blatt mehr vor den Mund nehmen. Aber der Horizont von dort oben muss sehr eng sein.

## DIE VIELEN HELDEN VON LEIPZIG

Montag für Montag verfolgten sie aus dem dritten Stock das Anwachsen der Kundgebungen, machten ihre Meldungen und konnten dennoch die atemberaubende Entwicklung nicht verhindern.

Eine Woche nach dem hier geschilderten 4. September 1989, wo sich erst ein paar Hundert formiert hatten, waren es bereits 1.500 Menschen. Am 25. September hatten schon 5.000 den Mut, nach dem Friedensgebet auf die Straße zu gehen. Am 2. Oktober waren es 10.000, am 9. Oktober 70.000, am 16. Oktober 120.000, am 23. Oktober 250.000. Und am 30. Oktober (dem Tag des letzten „Schwarzen Kanals" von „Sudel-Edi" Karl Eduard von Schnitzler) 300.000 Menschen.

Besonders prekär war die Montagsdemo vom 9. Oktober. Den 70.000 demonstrierenden Menschen standen 8.000 bewaffnete

Leipzig, 4. September 1989: Zwei Stasi-Typen (r.) entreißen Demonstranten ein Transparent, das Reisefreiheit fordert (Foto: dpa)

Polizisten, NVA-Soldaten und Angehörige der Kampfgruppen gegenüber. Nicht nur scharfe Munition war bereits ausgegeben worden, sondern in den Krankenhäusern Blutkonserven und Notbetten vorbereitet gewesen. Die Telefonistinnen der Krankenhäuser hatten die Maßnahmen mitbekommen und warnten entsetzt ihre Bekannten vor einem Blutbad.

Den Befehl zum harten Durchgreifen gegen die 70.000 Demonstranten hatte Erich Honecker schon unterschrieben. Es war nicht dessen Nachfolger Egon Krenz, der das Blutbad vereitelte, sondern der Chefdirigent des Leipziger Gewandhauses, Professor Kurt Masur, der zusammen mit SED-Funktionären einen Aufruf zur Gewaltlosigkeit verbreiten ließ. Krenz billigte erst im Nachhinein per Telefon die Gewaltfreiheit.

Oft waren es kleine, aber nicht minder mutige Aktionen. So protestierte die Freiwillige Feuerwehr von Plauen aufs Schärfste gegen das „zweckentfremdete Einsetzen von Tanklöschfahrzeugen als Wasserwerfer gegen friedliche, unbewaffnete Bürger und Kinder". Die Feuerwehrleute verwehrten sich gegen den „völlig sinnlosen Einsatzbefehl des Einsatzleiters der Volkspolizei" und drohten an, keine Brandschutzmaßnahmen mehr durchzuführen, weil sie die „verständlichen" Emotionen der Bürger fürchteten.

## „WIR HÄTTEN UNS DIE MAUER NIE GEFALLEN LASSEN!"

Das Neue Forum sammelte überall Unterschriften und hatte großen Zulauf. Gelegentlich gab es Kontroversen rivalisierender Gruppen, die beide das Neue Forum ihres Ortes gegründet haben wollen. Später stellte sich heraus, dass eine davon jeweils von der Stasi lanciert worden war.

Aber nicht nur in Leipzig schwoll der Widerstand an, auch in Dresden und Plauen und anderen sächsischen Orten forderten die Bürger die Staatsmacht heraus. Eindeutig waren von allen DDR-Bürgern die Sachsen die mutigsten und die schnellsten.

„Die Berliner haben bloß eine große Fresse", rückt eine resolute Leipzigerin die Dinge zurecht. „Aber wir handeln. Wir hätten uns die Mauer nie gefallen lassen!"

Ohne die Beherztheit der Leipziger wären die DDR-Bürger vermutlich länger eingesperrt gewesen, hätte die deutsche Teilung noch eine Weile angedauert. Als die tschechoslowakischen Philharmoniker im Leipziger Gewandhaus ein Gastspiel hatten, gestanden sie, die Tschechoslowaken hätten gerade durch die Leipziger den Mut zum Aufstand gefunden.

Tatsächlich waren die Massenkundgebungen mit 300.000 Teilnehmern, die die Wende eingeleitet und die deutsche Einheit bewirkt haben, in Leipzig härter, aggressiver und politischer als in anderen

Teilen der DDR. Das mag am Selbstbewusstsein der Leipziger liegen, die ihre Stadt immer schon als heimliche Hauptstadt der DDR angesehen haben. Aber auch am südlichen Temperament. Und daran, dass den Bewohnern der Messestadt zwei Mal im Jahr die Augen geöffnet wurden.

Der Schriftsteller Stefan Heym ernannte Leipzig zur „Heldenstadt der DDR", weil die Wende, der Zusammenbruch der DDR und folglich die deutsche Einheit dem Mut und der Beharrlichkeit der Leipziger und eben nicht den Ostberlinern zu verdanken waren.

# STASI-KELLNER ZUR MUSTERMESSE

Er verriet Fluchtpläne von DDR-Bürgern, meldete Meinungsäußerungen aus dem Volk und bespitzelte als Kellner eines Nobelrestaurants die ausländischen Gäste der Leipziger Messe. Ich sprach mit einem eifrigen Mitarbeiter der Stasi – einen Tag, bevor er sich selbst aus dem Staub machte.

Es war zwei Monate vor der Wende. Für 100 D-Mark, die er für seine Flucht in den Westen benötigte, war er bereit zu reden. Ich musste ihm fest versprechen, mit dem Abdruck meiner Reportage einen Tag zu warten. Dass dies sein letzter Arbeitstag werden würde, das wusste niemand außer ihm selbst. Nicht seine Familie, nicht seine Kollegen im Lokal und schon gar nicht sein Verbindungsmann zur „Firma".

Mitten in der Messe-Woche, in der die Kellner täglich bis zu zwölf Stunden arbeiten, springt er ab. Sein Arbeitsplatz: das „Panorama"-Restaurant, ein sehr gefragtes Lokal im 29. Stock der damaligen Karl-Marx-Universität. Unmittelbar vor dem letzten Dienstantritt holt er sich sein Ticket nach Ungarn ab. Ungarn als Zwischenstation in Richtung Westdeutschland.

Am Vorabend des letzten Arbeitstages fragt er gut aufgelegte Gäste aus Österreich beiläufig, ob dies alles bloß westliche Propaganda sei mit den Flüchtlingszahlen in Ungarn. Was sie ihm erzählen, räumt seine letzten Zweifel aus. Sein lang gereifter Entschluss steht vor der Verwirklichung: „Ich muss hier weg, so schnell wie möglich. Sonst drehe ich durch."

Es geht ihm nicht schlecht in der DDR. Mit Schmiergeld und Stasi-Entgelt in der Höhe des vierfachen Gehalts, also um die 3.000 DDR-Mark, hat er eine akzeptable Altbauwohnung mit Küche, Wohn-, Schlaf- und Kinderzimmer sowie Innenbad in Zentrumsnähe bekommen. Er hat eine Frau, von der er in Trennung lebt – wie so oft in der DDR leben getrennte oder geschiedene Paare aus Wohnungsmangel noch in derselben Wohnung zusammen weiter –, und ein Kind.

Seine Familie bezeichnet er als wohlhabend. Zwei Häuser, großes Grundstück, Auto. Von seinen drei Geschwistern sitzt ein Bruder zurzeit in Haft. Wegen „versuchter Republikflucht" ist er im Oktober 1988 zu zwanzig Monaten Gefängnis verurteilt worden. Wahrscheinlich kommt er zum 40. Jahrestag der DDR-Staatsgründung frei, hofft die Familie.

Der 31-jährige Kellner Matthias H. wohnte damals in Thüringen an der deutsch-deutschen Grenze. Dort war er auch eingesetzt, als er seinen Armeedienst ableistete. Er erinnert sich „an einige Verrückte, die nicht gezögert haben, auf Republikflüchtlinge zu schießen. Bloß für einen Tag Extraurlaub."

## VERTRAG AUF LEBENSZEIT

In dieser Zeit wurde er, 1978 war es, „in eine dumme Sache verstrickt". Unwissend, wie er beteuert. Bei seinem Dienst als Grenzsoldat kam er mit vielen bundesdeutschen Bürgern in Kontakt. Da war auch eine Gruppe von sieben Westdeutschen, die jede Woche in die DDR reiste und auf provokant großem Fuß lebte. Er profitierte selbst davon. „Ich gab ihnen die Ostkohle, und die haben mir die Westkohle besorgt."

Einmal sagten sie: „Wir wissen alles, was wir sehen wollten." Sie kamen nie wieder. Dafür meldete sich wenige Stunden später die Stasi. Er wurde vier Stunden lang verhört. „Dann haben sie mir angetragen, als Zuträger für das Innenministerium zu arbeiten. Ich musste einen Vertrag auf Lebenszeit unterschreiben." Er hatte sich jede Woche einmal mit einem Verbindungsmann zu treffen und regelmäßig über „diverse Meinungen innerhalb der Bevölkerung" zu berichten. 1979 lieferte er einen „knallhart ans Messer". Er war auf einen Mann angesetzt, der das Land verlassen wollte. „Der gab mir einen Zettel in einer Streichholzschachtel. Den Zettel sollte ich ans ZDF-Magazin weiterleiten. Ich habe ihn aber einfach meinem Verbindungsmann gegeben." H. erhielt dafür 250 Mark. Der Ausreisewillige, ein Ingenieur, „der ging dafür in den Knast". Ein halbes Jahr später sei der Mann im Westen gewesen, „abgeschoben oder freigekauft".

Warum er das getan hat? „Mit 18 Jahren ist man noch abenteuerlustig." Im West-TV die James-Bond-Filme und die Agentenjagden, im Osten das Prickeln mit der Stasi. „1980 kam ein Typ aus Berlin. Auch den hab ich ans Messer geliefert. Weiß nicht, was aus dem geworden ist."

Dann wollte er selbst abhauen. 1985 unternahm er einen Fluchtversuch über Ungarn. Er wurde gefasst, konnte sich aber herausreden. Dann probierte er es über die jugoslawische Grenze. Einen Kilometer davor scheiterte der Versuch. Wieder kam er davon.

## WENN PROSTITUIERTE PROTOKOLLIEREN

Was so mancher Messegast in Leipzig ohnehin vermutet oder viele naiv verdrängen, bestätigt H. voll: Fast alle Kellner werden auf die

Bundesbürger angesetzt. „Und wo erfährt am meisten? In den Kneipen!" Viele Kellner, die ihre Wahrnehmungen notieren und melden, tun dies weniger freiwillig als vielmehr „freimüssig". Sie werden mit irgendeinem früheren Vergehen erpresst. „Plötzlich steht da einer und sagt: Wenn Sie vielleicht einmal ein Problem haben, können wir Ihnen helfen."

Die ausländischen Messegäste, meint er, wissen gar nicht, wie vorsichtig sie sein sollten. Im Restaurant wie im Rotlichtbezirk. Offiziell gibt es in der DDR die kapitalistische Dekadenz der Prostitution nicht. In der Praxis aber sind sie nicht nur ein geduldetes Übel. In den teuersten Hotels – Merkur und Stadt Leipzig – lungern Nobeldirnen herum. Weiter weg vom Zentrum ist alles billiger.

Manche der Prostituierten arbeiten direkt im öffentlichen Auftrag. Der Staat will nicht nur Informationen über Westgäste, sondern auch einen Teil der Einnahmen. In anderen Fällen zahlt der Staat wiederum ein Honorar. Die Staatsmacht als Zuhälter. Viele der Frauen werden erpresst.

Insgesamt soll Erich Mielke, Minister für Staatssicherheit, Hunderte Prostituierte zur Messezeit nach Leipzig geschickt haben, Hausfrauen, Studentinnen, Personen mit HwG, häufig wechselndem Geschlechtsverkehr. Etwas skurril ist es schon, dass Mielke hier die Käuflichkeit der Liebe einsetzte und dann, nach der Wende, als ihm der Prozess gemacht wurde, zur Verteidigung seines Wirkens sagte: „Aber ich liebe euch doch alle!"

## „DAS NETZ FUNKTIONIERT UNGLAUBLICH GUT"

„Das Netz der Stasi funktioniert unglaublich gut", fasst der Kellner zusammen. Der Informant erzählt das alles am Tag vor seiner Ausreise. Ob ihm die Flucht über Ungarn in den Westen gelungen ist, entzieht sich meiner Kenntnis. Eine Frage machte ihn doch sehr nervös, sogar richtig Angst: Ob die Stasi auch im Westen auf Einhaltung des „Vertrags auf Lebenszeit" besteht? Was ist, wenn sie ihn dort ausfindig machen?

Zur Einordnung: Im Jahr der Wende waren 90.000 Mitarbeiter bei der Stasi beschäftigt. Sie sammelten Informationen über ein Drittel der DDR-Bevölkerung. Zwei Mal im Jahr „kümmerte" sich Mielke um Hunderttausende Besucher aus den nichtsozialistischen Ländern. Die Geheimpolizei war in 15 Bezirksverwaltungen und 209 Kreisdienststellen organisiert. Die Zahl der inoffiziellen Mitarbeiter (IM) betrug zirka 174.000, die der „Offiziere im besonderen Einsatz" (OibE) ist unbekannt.

Seit Jahren wird der 29. Stock als „Panorama Tower"-Restaurant geführt. Das Gebäude beherbergt längst nicht mehr die Leipziger Uni, sondern Mieter wie den Mitteldeutschen Rundfunk (mdr), die Europäische Energiebörse EEX und das Restaurant. In jede Himmelsrichtung zeigt ein Teilrestaurant namens Tokio, Kapstadt, New York und Sankt Petersburg. Hier, wo es Hindernisse, Grenzen und Unfreiheit gab, wirbt das Restaurant heute mit dem ungehinderten Blick aus 120 Metern Höhe und dem Slogan: „Grenzenlose Freiheit atmen."

# PFARRER FÜHRER UND DAS WUNDER VOM 9. OKTOBER

Die Berliner Mauer fiel nicht erst am 9. November, sondern schon am 9. Oktober 1989, und nicht in Berlin, sondern in Leipzig. Das ist das Fazit der Leipziger Montagsdemo jenes Tages, der als Durchbruch gilt. „Die DDR war am Abend des 9. Oktober nicht mehr dieselbe wie am Morgen." Besuch bei Pfarrer Christian Führer genau zwanzig Jahre danach.

Die bunten, fröhlichen Bilder vom Mauerfall kamen alle aus Berlin. Die schwarzen, bedrohlichen Bilder von den Montagsdemos kamen aus Leipzig. In der Welt sind die Bilder aus Berlin bestens bekannt, jene von Leipzig kaum. Jedoch wäre der 9. November 1989 in Berlin nie möglich gewesen, hätten nicht 70.000 Leute in Todesangst und Erwartung eines Blutbades nach chinesischem Vorbild den Mut gefunden und den Staat erstmals in die Knie gezwungen.

Für den evangelischen Pfarrer Christian Führer war der 9. Oktober 1989 nicht nur der wichtigste Tag in seinem Leben, „sondern auch der schrecklichste und gleichzeitig schönste meiner ganzen Dienstjahre". Der Tag gelte als der Tag der Entscheidung, habe aber selbst in Deutschland immer noch nicht den Stellenwert, der ihm eigentlich zukomme.

Christian Führer ist zum Zeitpunkt des Gesprächs 65 Jahre alt, war drei Jahrzehnte lang Pfarrer in der Nikolaikirche, der größten Leipzigs. Für seine Rolle bei Friedensgebeten und Montagsdemonstrationen ist er – zusammen mit Michail Gorbatschow, Hans-Dietrich Genscher und anderen – vielfach ausgezeichnet und gewürdigt worden.

Trotz seiner Prominenz sitzt er bescheiden da, wie man ihn von damals kennt: Hose und Weste aus Jeansstoff, mit seiner weißblonden Igelfrisur, den dunklen Brauen und den lausbübischen Augen eines Priesters, der eine Diktatur erfolgreich herausgefordert hat.

Mit 70.000 Demonstranten war es bis dahin die größte Demo, die es jemals in der DDR gegeben hat, sieht man von organisierten Aufmärschen ab. Westliche Fernsehberichte über die Demo von einer Woche davor mit 10.000 Teilnehmern, in den DDR-Wohnzimmern illegal gesehen, machten den Leuten Mut.

Zunächst waren die Friedensgebete bloß eine „Friedensdekade", eine Andacht im Jahr, die jeden November über zehn Tage lief. Immer mehr Rand- und Protestgruppen kamen dazu, die Andacht wurde erweitert und fand bald jeden Montag statt.

Durch die Stationierung der nuklearen Mittelstreckenraketen auch in Westdeutschland waren die Teilnehmer so desillusioniert, dass ihre Zahl bei den Friedensgebeten im Jahr 1983 auf den Minusrekord von sechs Personen abstürzte. Von denen war einer er selbst und ein zweiter ein Kirchenmitarbeiter. Führer dachte ans Aufhören, doch eine Frau sagte zu ihm: Wenn wir hier aufgeben, dann gibt es überhaupt keine Hoffnung mehr. Das nahm er sich zu Herzen. Er machte weiter. Die Durststrecke dauerte bis 1986.

## DIE HIERBLEIBER UND DIE AUSREISEWILLIGEN

Führer war immer fürs Hierbleiben in der DDR, „wo Gott uns hingestellt hat", und wollte seine Friedensgebete nicht den Ausreisewilligen überlassen. Bald sah er aber, wie die Leute psychosomatisch kaputt waren und wie wichtig ihnen eine Aussprache unter Gleichgesinnten war. Er gründete 1986 einen Gesprächskreis „Hoffnung für Ausreisewillige". Motto: „Leben und Bleiben in der DDR". Fünfzig Leipziger hatte er erwartet, 600 kamen.

Das erste Friedensgebet nach den Sommerferien 1989 fiel auf Montag, den 4. September. Der Stadtrat von Leipzig bearbeitete den Pfarrer zwei Stunden lang, er solle diese Andacht absagen oder um eine Woche verschieben. Sie sollte keinesfalls in die Messewoche mit ausländischen und westdeutschen Besuchern fallen. Führer blieb aber standhaft.

Den Behörden der DDR hält er zugute, dass sie im Gegensatz zu südamerikanischen Militärdiktaturen die Kirche respektiert und nicht betreten haben, von den Stasi-Leuten in Zivil abgesehen. Nach außen hin legte die DDR Wert aufs humanistische Image. Die Zersetzung der Kirchenszene musste daher sehr subversiv geschehen.

Pfarrer Führer wundert sich noch heute, dass es nie zu einer Zerstörung im Gotteshaus kam, auch nicht an jenem 9. Oktober, obwohl sich 2.400 Menschen hineingepresst hatten. „Es gab ja keine Ordner und keine Sicherheitskräfte. Und wir hatten nur zwei Toiletten zur Verfügung, mit typischer DDR-Technik: Zwanzig Mal an der Spülung ziehen, und schon gibt es eine Überschwemmung."

## „BÜRGER, LÖSEN SIE SICH AUF!"

In der Andacht schärfte Führer den Besuchern ein: „Bleibt gewaltfrei, auch wenn die draußen auf euch einschlagen! Geht vorsichtig aus der Kirche raus, schubst nicht, damit niemand fällt." Es dürfe zu keinem Tumult kommen. Wenn einer einen Stein in die Hand genommen hätte, hätten ihn alle Nebenstehenden davon abhalten sollen.

Führer hat noch die skurrilen Kommandos aus dem Megafon vor der Kirche im Ohr: „Bürger, lösen Sie sich auf!"

Schon vor dem 40. Jahrestag der DDR stürzten sich zwei Uniformierte am Nikolaikirchhof auf einen jungen Mann, schnappten ihn und schleppten ihn im Lastwagen ab, dann noch einen und noch einen. Da hatten Jugendliche eine Idee, die Führer sofort umsetzte. Jeder, der willkürlich aufgegriffen wird und in einem Lkw verschwindet, sollte so laut wie möglich seinen Namen schreien. Die Umstehenden sollten ihn sofort auf einen Zettel schreiben. In der Kirche wurden die Namen auf DIN-A2-Plakaten veröffentlicht und in großen Buchstaben sogar ans Kirchenfenster gehängt. Dadurch wusste die Stasi: Wenn die Kirche die Namen kennt, wird sie auch der Westen bald erfahren. Das Konzept funktionierte.

Dennoch wurden zum 40. Geburtstag der DDR an die 200 unbeteiligte Personen, die am Eingang der Nikolaikirche vorübergingen und die Zettel mit den Namen der Verschwundenen lasen, gewaltsam auf Lkws gezerrt und nach Markkleeberg bei Leipzig transportiert. Im dortigen Gartenbaugelände, wo sonst die Landwirtschaftsausstellung Agra stattfand, wurden sie in betonierte Pferdeboxen gepfercht, die als Internierungslager vorbereitet waren, und die ganze Nacht mit Schlagstöcken misshandelt, wie die Schulterblattverletzungen und Schlüsselbeinbrüche bewiesen.

Diese Aktion sollte abschrecken. Es war geplant, bei den anstehenden Montagsdemonstrationen Tausende Menschen in dieses Internierungslager zu verfrachten. „Da fragten sich die Leute, ob es nun auch in der DDR Konzentrationslager gibt", erinnert sich Führer.

## DAS MASSAKER, DAS NICHT STATTFAND

Zwei Tage vor dem Friedensgebet stand in der Zeitung: Am Montag, dem 9. Oktober, werde Schluss gemacht mit der Konterrevolution.

Pfarrer Führer und seine Nikolaikirche (Foto: AP)

Wenn nötig, mit der Waffe. Konterrevolution war das schwerste Verbrechen in der DDR. Die Leipziger wurden aufgefordert, an jenem Montag die Stadt zu verlassen, Geschäftsinhaber angewiesen, an dem Tag geschlossen zu halten. Auf den Dächern waren Scharfschützen postiert. Klinikärzte sollten ihre Abteilungen für Schussverletzungen freihalten. Blutkonserven waren vorbereitet. Alle Zeichen deuteten auf eine „chinesische Lösung" hin. Ganz Leipzig fürchtete ein Massaker wie auf dem Platz des Himmlischen Friedens in Peking. Aber die Bürger wussten: Jetzt oder nie.

Nach der Achtuhrandacht stand das Telefon in Führers Wohnung und in der Kirche nicht still. Viele Leipziger wollten warnen, was sie von den Plänen gehört hatten, andere ihre Verzweiflung äußern. „Ich war genauso gut informiert wie die Stasi", sagt Führer. Dazwischen bekam er auch jede Menge Drohanrufe.

Führer erfuhr, dass tausend SED-Genossen den Auftrag hatten, die Kirche zu besetzen. Tatsächlich: Lange vor dem Friedensgebet – zweieinhalb Stunden vor Beginn – war die Kirche fast voll. Führer war extrem angespannt. Doch er begrüßte die Leute herzlich. Er ließ sie freundlich wissen, dass er sich wundere, dass sie schon so früh gekommen seien. Denn das arbeitende Proletariat könne sonst erst nach der Arbeit um 17 Uhr kommen. Damit wussten die beauftragten Kirchenbesetzer: Sie waren durchschaut.

Später bedankten sich einige von ihnen sogar, weil ihnen die Augen geöffnet worden seien. Die SED habe sie total belogen und habe behauptet, bei den Friedensgebeten werde zur Konterrevolution aufgehetzt. Das Gegenteil war der Fall.

In der Kirche waren die Sprechchöre von draußen zu hören. Die Menge vor der Kirche schrie die Polizisten rhythmisch an: „Schließt euch an! Schließt euch an!" Aber drinnen war der Inhalt nicht zu verstehen. Führer hatte Angst vor dem, was nach dem Friedensgebet kommen könnte.

## AUF KERZEN WAR DAS REGIME NICHT VORBEREITET

Die Leute sollten mit Kerzen in Händen das 900 Jahre alte Kirchenschiff verlassen und damit signalisieren, dass sie friedlich bleiben wollten. Die eine Hand hielt die Kerze, die andere schützte die Flamme. Führer: „Mit einer Kerze in der Hand kann man keine Steine werfen."

Später gestand Volkskammerpräsident Horst Sindermann: „Wir waren auf alles vorbereitet, aber nicht auf Kerzen und Gebete."

Ganz leicht hätte es wie beim Arbeiteraufstand in der DDR 1953 oder in Prag 1968 ausgehen können. „Es war einfach ein Wunder biblischen Ausmaßes", ist Führer überzeugt, „ein Wunder, das es noch nie bei einer Revolution gegeben hat. Eine völlig gewaltfreie Revolution!" Zwei Losungen dominierten den Abend, und Führer bewegt es noch heute, dass in dem religionsfeindlichen Land ausgerechnet die Seligpreisungen und die Bergpredigt das Motto vorgegeben hätten: „Keine Gewalt!" und „Wir sind das Volk!"

Der Zug draußen setzte sich in Bewegung, den sechsspurigen Ring um die Leipziger Innenstadt herum, 2,5 Kilometer und eine ewige Stunde lang. Laut Einsatzbefehl sollte der Zug spätestens am Hauptbahnhof gestoppt und die Menge aufgelöst werden. Erich Mielke, der Minister für Staatssicherheit (MfS), hatte Dienstbereitschaft und den Einsatz „mit allen Mitteln" angeordnet. Das war eindeutig.

Gespenstische Ruhe. Es passierte nichts. Die Demonstranten wussten nicht, dass statt der von der Polizei angeforderten 3.000 Schlagstöcke nur 800 geliefert worden waren. Mangelwirtschaft sogar bei der Niederschlagung von Konterrevolutionen. Ein einziger Steinwurf, eine Provokation, ein Schuss durch einen jungen Heißsporn hätte die Lage zum Explodieren gebracht.

## DIE POLIZEI GING
## IN DER MENGE UNTER

8.000 Polizisten waren da. Nur 2.000 Polizisten weniger als die 10.000 Teilnehmer des Friedensgebetes vom Montag davor. Die Sicherheitskräfte hatten diesmal mit 25.000 Personen gerechnet. Aber auf 70.000 waren sie nicht vorbereitet. Die 8.000 Polizisten gingen in der Menge nahezu unter. Heute steht fest: Bei nur 25.000 Demonstranten hätte es ein Blutbad gegeben. Doch 70.000 waren zu viel. „Was wäre gewesen, wenn die Leute aus Angst daheimgeblieben wären?", fragt Führer heute.

Unendliche Erleichterung und Triumphgefühle, dass die Demonstration den ganzen Ring abschreiten konnte. Das hatte es noch nie gegeben. Da wussten alle: Das ist der Durchbruch. Ab sofort ist die DDR nicht mehr dieselbe. Die Erosion setzte sich rasch fort. Erich Honecker musste am 18. Oktober zurücktreten.

Für die Leipziger und für Pfarrer Führer war es dieser 9. Oktober, der die eigentliche Wende brachte. Nicht einmal die spätere Riesendemo am 4. November in Berlin (mit bis zu einer Million Menschen) sei damit zu vergleichen. Die sei ja genehmigt gewesen, da habe nicht so viel Mut dazu gehört wie hier am 9. Oktober.

## „NU SIND SE RUM!"

Egon Krenz, Honeckers Stellvertreter und designierter Nachfolger, „hat an dem Tag das erste Mal was Richtiges gemacht", resümiert Führer, „nämlich gar nichts". Die Leipziger Einsatzleiter unterrichteten Krenz in Berlin von der Menschenmenge und warteten auf den Einsatzbefehl. Doch der kam nicht. Die ganze kritische Zeit lang kein Rückruf, keine Instruktionen. Erst kurz nach 19.30 Uhr meldete sich Krenz, der zusammen mit Willi Stoph offenbar voll beschäftigt war, die Absetzung des altersstarren Honecker vorzubereiten. Die Antwort war unbefriedigend, aber typisch für Krenz: Er müsse sich erst mit den anderen beraten.

Dann das klassische Zitat des Einsatzleiters in breitestem Sächsisch: „Nu sind se rum." Sollte heißen: Da der Demonstrationszug den ganzen Ring habe gehen können, brauche man jetzt auch nicht mehr einzuschreiten.

Egon Krenz stellte seine Entscheidungsunfähigkeit, sein Zögern später so dar, als sei er es gewesen, der ein Massaker habe verhindern wollen. Er interpretiert sich als Retter von Leipzig. Er ist wohl der Einzige, der das so sieht.

Auf dieser Demonstration vom 9. Oktober 1989 ist zum ersten Mal der Ruf zu hören: „Wir sind das Volk! Wir sind das Volk!" Danach setzte sich der Ruf auch auf den anderen Kundgebungen in der ganzen DDR durch.

Die Abwandlung zum Spruch „Wir sind ein Volk!" erfolgt erst zwei Monate später, im Dezember 1989, wobei ein CDU-Parteitag in Westberlin eine treibende Rolle spielte.

## DAS DOKUMENT „WIR SIND EIN VOLK"

Allerdings gibt es eine einzige Ausnahme: „Wir sind ein Volk" steht auf einem Flugblatt vom 9. Oktober 1989, das Daniel Kosthorst vom Zeitgeschichtlichen Forum Leipzig mit weißen Handschuhen anfasst, wenn er es herzeigt. Das Flugblatt ist eines von 3.200 Objekten zum Thema DDR, Diktatur und Widerstand, die in der Ausstellung gezeigt werden. Nie hätten sich die Hersteller vor zwanzig Jahren gedacht, dass aus ihrem hektografierten Zettel ein historisches Dokument wird, das man nur mit Handschuhen anfassen darf.

Dieses Flugblatt enthält neben dem Appell einer kirchlichen Arbeitsgruppe, keine Gewalt auszuüben, den Slogan: „Wir sind ein Volk!" Es ist zu der Zeit die erste und einzige Formulierung mit diesem Wortlaut. Allerdings hatte dieser Spruch noch eine ganz andere Bedeutung als das spätere „Wir sind ein Volk!" vom Jahresende, als schon das Verlangen nach einer deutsch-deutschen Wiedervereinigung mitspielte. Nicht so auf dem Leipziger Flugblatt vom 9. Oktober. Von den Initiatoren dachte da niemand an ein einheitliches Deutschland. Unter „ein Volk" war ausschließlich „ein Volk in der DDR" zu verstehen. Gemeint war damit, dass auch die Polizisten und Soldaten sich zum Volk dazugehörig fühlen und daher nicht gegeneinander ausspielen lassen sollten. In der Friedensandacht drinnen wurde sogar für die Polizisten von draußen gebetet.

Für Christian Führer waren nicht ein paar prominente Namen, sondern die unbekannte Masse die Helden. „Die Menschen hatten die

Angst überwunden. So etwas gab's noch nie in Deutschland." Obwohl die Leute reihenweise zusammengeknüppelt und abgeführt worden seien, habe sich niemand zu Gewalt provozieren lassen. Das habe es in der Geschichte noch bei keiner Revolution gegeben.

Aus seinen Stasi-Akten weiß Führer, dass er – in Anspielung auf seine Frisur – Zielscheibe des „Operationsvorgangs Igel" war. In zwei Operationen sollte seine Persönlichkeit zersetzt werden. Dafür hatte die Stasi viele Mittel, die man in der Leipziger „Runden Ecke", der einstigen Stasi-Zentrale, betrachten kann. Auf Führer waren nicht weniger als 28 Agenten angesetzt. Angefangen hat das schon 1973, als er noch Geistlicher in einem Dorf war.

„Seit Mitte der achtziger Jahre hatte ich Tag und Nacht Angst. Aber mein Glaube und meine Hoffnung waren immer größer."

# 40 JAHRE: WER ZU SPÄT KOMMT …

Der 40. Geburtstag der DDR ist ihr letzter. Zum Feiern ist den wenigsten zumute. Zu den Jubelfeiern sind DDR-Bürger ein- und ausländische Besucher ausgesperrt. Es regierte die Angst – vor der „chinesischen Lösung", vor leeren Worten Michail Gorbatschows, vor staatlich provozierter Gewalt, vor dem Ungewissen.

Neuerdings eingesperrt in allen Himmelsrichtungen, wartet die Bevölkerung in höchster Anspannung, was nach den Jubiläumsfeiern passiert. Denn so kann es nicht weitergehen, sind sich alle einig. Irgendetwas müsse geschehen. Das ist das Thema eines jeden Gespräches. Aber was?

Ostberlin hat sich ordentlich herausgeputzt. In der Nacht vor der Ankunft der politischen Prominenz aus den befreundeten Staaten wurden die Straßen und Plätze nochmals gewaschen. Jede Statue ist angestrahlt. Blumen und Fähnchenschmuck verleihen der Hauptstadt ein festliches Aussehen. Aber das ist Fassade.

Kaum jemand, der von der Flüchtlings- und Ausreisewelle und der Sturheit der politischen Führung nicht betroffen ist. „Wenn ich morgens ins Büro komme, werden die Nachrichten vom Westfernsehen vom Vorabend mit dem ‚Neuen Deutschland' verglichen. Da wird die Zeitung so richtig zerpflückt", schildert ein junger Ingenieur eines Berliner Kombinats. „Und da sind sich alle 40 Kollegen in meinem Bereich völlig einig." Jeden Morgen der Galgenhumor: „Sind alle noch da?"

Gerade heute erst habe er mit seinen Mitarbeitern diskutiert: Jetzt abzuhauen, wäre ein großer Fehler. „Jetzt ist es so heiß, gerade jetzt haben wir Hoffnung, jetzt muss man hierbleiben."

Auf die oppositionellen Gruppen wie Neues Forum oder Demokratischer Aufbruch stützt sich seine Hoffnung nicht. „Die kennt hier ja niemand. Die können ihr Programm ja gar nicht vorstellen. Außerdem dürften die untereinander recht uneinig sein." Ein anderer Gesprächspartner bestätigt: „In der DDR gibt es noch keine Diskussions- und Mitteilungskultur. Hier kann sich doch niemand profilieren."

Wird er was sagen oder nicht? Wenn Michail Gorbatschow für die Führung und die Bevölkerung der DDR keinen Ratschlag mitgebracht hat, wird vielen eine letzte Hoffnung genommen, dass sich noch etwas ändern könnte. Aber Illusionen machen sich nur wenige. Gorbatschow wird sein Prinzip der Nichteinmischung nicht zum 40. Geburtstag der DDR aufgeben. Deutliche Worte erhofft man sich vom sowjetischen Staats- und Parteichef allerdings beim Vieraugengespräch mit Erich Honecker.

Die Lage droht noch viel schlimmer zu werden, wenn die Gespräche hinter den Kulissen nichts nützen. „In unserem Kollektiv trösten wir uns selbst und sagen: Es kann ja gar nicht noch schlimmer werden", meint eine 35-jährige technische Zeichnerin. Aber sie glaubt das selbst nicht. „Dass die auch die Grenze zur Tschechoslowakei zugemacht haben, das macht uns schon Angst."

Dass sogar die Grenzübergänge in Berlin dichtgemacht wurden, dafür gibt es nur noch Kopfschütteln. Zwei Tage vor dem Staatsakt haben die Grenzer einige Hundert jüngere Bundesbürger abgewiesen, einen Tag davor dann überhaupt alle Einreisewilligen. Die Behörden wollen verhindern, dass die Jubelfeiern gestört werden. Die Zeichnerin ist überzeugt, dass der bestens funktionierende Repressionsapparat vor einem Blutbad nicht zurückschrecken würde. „Ganz sicher kann das hier passieren, was in Peking passiert ist."

Die „chinesische Lösung" mitten in Europa: Es habe sich schon so viel an Spannungen angesammelt, dass niemand mehr mit Vernunft rechnen könne. Die Hinwendung an die Volksrepublik China als „innenpolitische Mitteilung" ist nicht zu übersehen. Die blutige Niederschlagung des Studentenaufstands auf dem Pekinger Platz des Himmlischen Friedens mit Hunderten Todesopfern hat die DDR damals als nahezu einziges Land der Welt demonstrativ begrüßt. Zum 40. Jahrestag der Volksrepublik verriet das SED-Organ „Neues Deutschland" in großen Lettern auf Seite 1: „In den Kämpfen unserer Zeit stehen DDR und VR China Seite an Seite."

## CHINESISCHE LÖSUNG UND PEKINGER TAGE

Ausgerechnet während der Jubelfeiern in Berlin finden die „Pekinger Tage" statt. An verschiedenen Plätzen werden Hochtechnologie und Kunsthandwerk gezeigt; chinesische und ostdeutsche Mannequins präsentieren fernöstliche Mode, eine Ausstellung mit Kinderzeichnungen, eine mit Web- und Stickkunst (Anmerkung für jüngere Leser: Unter Webkunst war damals die Kunst des Webens gemeint. Hätte es damals schon das Web gegeben, hätte die DDR schon früher Probleme bekommen.)

In Dresden finden die „Tage des chinesischen Films" statt, als Hauptattraktion bietet das Ensemble Nummer 6 eine Peking-Oper dar. „Ganz einfach", erklärt sich das der Ingenieur, „unsere Führung sucht sich in China einen neuen großen Freund, die Sowjetunion steht ja jetzt nicht mehr hinter ihr."

Die Vorgänge in Peking seien in der DDR „so dramatisch ins Gegenteil verkehrt worden, dass das ganz bestimmt ein Signal für die DDR-Bevölkerung sein sollte". Was ist, wenn die Leute von der Stasi oder gewisse Betriebskampfgruppen Proteste und Demonstranten provozieren? Monatelang wurden Angehörige der Betriebskampfgruppen auf Nahkampf ausgebildet. Denn Erfahrungen im Umgang mit Massendemonstrationen fehlen der Exekutive in der DDR. Das Neue Forum und andere neu entstandene Oppositionsgruppen appellieren an die Bevölkerung, sich nicht zu Gewalt provozieren zu lassen.

Umgekehrt hat sich in der Bevölkerung unglaublich viel aufgestaut. Da könnte tatsächlich einiges außer Kontrolle geraten. Dazu die Gerüchte und Nachrichten aus Dresden. Tausende wollten dort auf die Flüchtlingszüge in Richtung Westen aufspringen. Bei einer Demonstration von 10.000 Leuten kam es am Dresdner Bahnhof zu harten Schlägereien. Volkspolizei, Armee-Einheiten und Betriebskampfgruppen jagten mit Wasserwerfern und Schlagstöcken die Menge auseinander, aus der sie mit Steinen und Brandsätzen beworfen worden waren. Es gab etliche Schwerverletzte, viele Verhaftete.

In der Gethsemanekirche in Ostberlin, wo eine Mahnwache der Inhaftierten von Dresden und Leipzig gedenkt, wollen einige Leute sogar von Todesopfern wissen: Zu verifizieren ist es nicht sofort. Dresden ist faktisch abgeriegelt, die Telefonleitungen sind tot.


## SCHOCK ZUM GEBURTSTAG


Die Einmauerung der DDR-Bevölkerung in alle Richtungen war für die Leute, die sich zum Staatsgeburtstag eher ein Geschenk in Form von leichteren Reisemöglichkeiten erwartet hatten, ein Schock. Dass das Verbot spontaner Reisen ins Nachbarland ČSSR nur vorübergehend gelten solle, um die Fluchtwelle wenigstens während der Feiern zu stoppen, das glaubt nun niemand mehr.

„Dass die Mauer stehen bleiben kann, das hätte sich 1961 auch kein Mensch gedacht. Auch das Verbot spontaner Reisen nach Polen, das

Der letzte Kuss: Michail Gorbatschow und Erich Honecker (Foto: dpa)

wegen der ‚Solidarität' vor neun Jahren verhängt worden ist, sollte zunächst nur vorübergehend sein", resigniert ein älterer Berliner. „Wissen Sie, wenn in der DDR etwas gemacht wird, dann hält das lange." Nach einer Pause: „Meine Generation hat die 55 Jahre Diktatur jetzt satt!" Die Führung sei längst „kein Bestandteil unserer Gesellschaft mehr", meint er, „die ist einfach draußen". 95 Prozent der Bevölkerung, schätzt er, wäre auf eine Umgestaltung wie in Ungarn vorbereitet. „Darauf warten wir alle."

## „… DIE NICHT AUF DAS LEBEN REAGIEREN"

Von der Ankunft des Gastes aus Moskau, der dem FDJ-Fackelzug und der Militärparade beiwohnen sollte, am Flughafen Berlin-Schönefeld gibt es keine Direktübertragung im staatlichen Fernsehen der

DDR. Ein Affront, das hat es bis dahin noch nie gegeben. Gorbatschow hält sich mit deutlichen Worten an die DDR-Staatsführung vorerst zurück. Er ermuntert sie, die Impulse aus der Bevölkerung aufzugreifen. Vor Schwierigkeiten dürfe man dabei keine Angst haben. „Gefahren warten auf jene, die nicht auf das Leben reagieren." Diese Worte sagt Gorbatschow noch am Flughafen in russischer Sprache. In freizügiger Übersetzung wird daraus das klassische Zitat: „Wer zu spät kommt, den bestraft das Leben." In seinen Memoiren schreibt Gorbatschow, er habe zwei Tage später Honecker im Vieraugengespräch gesagt: „Das Leben verlangt mutige Entscheidungen. Wer zu spät kommt, den bestraft das Leben."

## „GIBT ES EIN FLÜCHTLINGSPROBLEM?"

Kurz vor Gorbatschows Ankunft sagt Erich Honecker zu Journalisten, es gehe ihm hervorragend. „Totgesagte leben länger." Das „Neue Deutschland" hatte ihn zuvor zitiert, die Republikflüchtlinge und Ausreisenden würden die DDR mit Füßen treten, man dürfe ihnen keine Träne nachweinen. Dass Honecker den Aderlass seines Landes nicht wahrhaben will, geht möglicherweise auch darauf zurück, dass selbst er von seiner engsten Umgebung manipuliert worden ist.

Lutz F., damals 42 Jahre alt und für die Presseauswertung von Artikeln über die DDR in Westmedien zuständig, erzählt, wie manche der allzu kritischen Berichte zurückgehalten worden seien. Man möchte – gleichsam aus Selbstschutz – Honecker nicht alles Negative vorlegen, weil man ihm und in der Folge vor allem sich selbst nicht den Tag verderben wolle.

So ist vielleicht die Antwort zu erklären, die Honecker einem Journalisten gibt, der ihn direkt vor Gorbatschows Landung zur allgemeinen Lage befragt hat. Honecker reagiert mit der zynischen Gegenfrage: „Gibt es ein Flüchtlingsproblem?"

# GUMMIKNÜPPEL ZUM GEBURTSTAG

Michail Gorbatschow verlässt Berlin. Die 40-Jahr-Feier geht zu Ende. Die Staatsgewalt bäumt sich auf. In Zivil und in Uniform schlägt sie auf Demonstranten ein, während Berlin-Besucher ausgesperrt bleiben. Ich beobachte die Demo vom Entstehen an der berühmten Weltzeituhr bis zum blutigen Ende. Vier Wochen vor dem Fall der Mauer.

Fast wäre es ein schönes Jubiläum geworden. Fast hätte sich die DDR-Führung der Errungenschaften der vergangenen vierzig Jahre ungestört berühmen können. Nicht einmal der Gast aus Moskau hat das Fest durch offene Kritik gestört. Fast.

Es kam anders. Solange Michail Gorbatschow in Berlin weilte, hielten sich die Ordnungshüter mit Übergriffen zurück. Kaum war er abgereist, brach heraus, was vorher in beängstigender, verdächtiger Ruhe zurückgehalten worden war. Hunderte Demonstranten wurden verhaftet, Hunderte verletzt. Foto- und Rundfunkreportern wurde das Werkzeug aus der Hand gerissen.

Ganz harmlos hat es angefangen. Am Samstag (7. Oktober 1989), dem 40. Gründungstag der DDR, versammeln sich junge Leute am Ostberliner Alexanderplatz unter der Weltzeituhr. Der Platz ist we-

114

gen der offiziellen „Geburtstagsparty" gut besucht. Es gibt Jazz und Blasmusik, Bier und Würstel, Kitsch und Kunsthandwerk.

Die Urania-Weltzeituhr ist stets beliebter Treffpunkt am Alex. Die 24 Seiten entsprechen 24 Zeitzonen der Erde. Zonen, die den DDR-Bürgern in der Regel verborgen sind.

Ein paar junge Leute an der Weltzeituhr singen die „Internationale". Dann skandieren sie: „Jetzt oder nie Demokratie!", schreien: „Wir bleiben hier!" und „Stasi raus!" Fordern „Freiheit für die Inhaftierten" und rufen: „Neues Forum, Neues Forum!" Sehr rasch bekommt das Häuflein Demonstranten Zulauf. Ein paar Hundert sind es, die vom Alexanderplatz zum Marx-Engels-Forum ziehen. Rasant werden es mehr, die Gruppe schwillt an. Vor dem Palast der Republik sind es schon an die 5.000. „Gorbi, hilf uns!", hallt es in die Dämmerung.

Die Rufe dringen bis in den Palast der Republik hinein. Mieczysław Rakowski, damals Erster Sekretär der Polnischen Arbeiterpartei, fragte Gorbatschow, ob er ihm die Rufe übersetzen solle. Gorbatschow habe ihm geantwortet: „Nein, ich spüre es. Das ist das Ende." (Diese Episode schilderte Michail Gorbatschow am 3. Oktober 2009 selbst, als er bei der Quadriga-Verleihung im Weltsaal des Auswärtigen Amtes in Berlin gewürdigt wurde.)

Aus dem Palast der Republik winken sympathisierende „Kulturschaffende" den Demonstranten zu – bis sie, wie mir einer später schildert, aufgefordert werden, sofort die Fenster zu schließen.

## SKINHEADS IM STASI-SOLD

Eine Mauer aus Volkspolizisten stoppt die Menge. „Keine Gewalt, keine Gewalt!" Die Sprechchöre der Demonstranten entsprechen dem Appell des Neuen Forums, das vorher auf Handzetteln eindringlich davor gewarnt hat, sich von den Sicherheitsleuten provozieren zu lassen.

Derer gibt es mehr als genug. An jeder Ecke Ostberlins stehen sie, meist zu zweit. Ihre unauffällige Freizeitkleidung kann man fast schon wieder Uniform nennen. Sie tragen schnelle Sportschuhe. Dazu kommen noch ein paar im Staatssold stehende Punks und Skinheads.

Aus einer Ecke strömen plötzlich lastwagenweise weitere Stasi-Leute ins Getümmel. Sie alle sind mit kurzen Regenschirmen ausgerüstet, obwohl es nicht regnet. Die Volkspolizei versucht offenbar, alle einzukreisen. Soll der weitläufige Platz rund um das überdimensionierte Marx- und Engels-Denkmal etwa eine Art „Platz des Himmlischen Friedens" werden? War nicht auch dort Gorbatschow zu Besuch, kurz bevor Peking Hunderte Studenten abschlachtete?

Die Atmosphäre ist explosiv aufgeladen, die Luft knistert. Weder die Demonstranten noch die Exekutive haben Erfahrung im Umgang mit Massendemonstrationen. Der Schock über den blutigen Aufstand vom 17. Juni 1953 hat bis jetzt Protestkundgebungen verhindert. Wird eine Seite die Beherrschung verlieren?

## SOGAR ADN-FOTOGRAFEN VERFOLGT

Einzelne Stasi-Leute sehr wohl. Die ersten Verhaftungen werden vorgenommen. Und zwar durch Leute in Zivilkleidung. Journalisten werden Kameras aus der Hand gerissen. Wie konfus die zivilen Aufpasser reagieren, zeigt das Einschreiten gegen einen Fotografen der DDR-eigenen (!) Bildzentrale der Nachrichtenagentur ADN – vor den Augen des Chronisten. Der Fotograf schreit den Geheimdienstler an, er sei doch vom ADN, zeigt ihm seinen Ausweis. Vergeblich, die Kamera verschwindet.

Ebenfalls vor meinen Augen stürzt sich ein Stasi-Mann auf einen

Von der Demonstration am 7. Oktober 1989 existieren kaum Fotos. Die Stasi entriss allen Fotografen die Apparate. Nick Becker hatte Glück. Szene vor dem Gebäude der DDR-Nachrichtenagentur ADN. (Foto: Nikolaus Becker, www.bilderundfilme.de)

Rundfunkreporter und reißt ihm die Tasche mit dem Tonbandgerät von der Schulter, mit dem eine Prügelszene aufgenommen werden sollte, sagt: „Beschlagnahmt!", und will damit verschwinden. Zwei Polizisten steckt er einen Zettel und das beschädigte Gerät zu. Einer der Polizisten behauptet sofort, er persönlich habe den Radioreporter vorher belehrt und aufgefordert, Aufnahmen zu unterlassen. Die Behauptung nimmt er zurück, als er merkt, dass zu viele Zeugen protestieren. Das Gerät bleibt dennoch konfisziert.

## KINDER ALS STRASSENSPERREN MISSBRAUCHT

An der Kreuzung Prenzlauer Allee/Dimitroffstraße ein Schock: Die – immer noch friedlichen – Demonstranten werden durch eine Straßensperre gestoppt. Der Sperre besteht aus Menschen – nicht nur Volkspolizisten, nicht nur Geheimdienstlern, nicht nur Betriebskampfgruppen, sondern auch aus Kindern und Jugendlichen! Es sind Hunderte Angehörige der Freien Deutschen Jugend (FDJ) im Pubertätsalter, die den demonstrierenden jungen Leuten gegenübergestellt werden. Es handelt sich zum Teil um jene FDJ-Kader, die zuvor im feierlichen, doch sehr unheimlich wirkenden Fackelzug geordnet durch die Berliner Straßen marschiert sind. Sie kommen aus der Provinz, vor allem aus Sachsen. Sie haben keine Ahnung, worum es hier geht. Ihnen ist eingetrichtert worden, hier sei eine „Konterrevolution" zu bekämpfen.

Nicht nur Jungen, auch Mädchen stehen Arm in Arm als Bollwerk gegen die Freiheitsliebenden, stemmen sich gegen den Ansturm, verlieren aber rasch die Kontrolle. Sie sind selbst völlig verunsichert und hilflos. „Alle Ordnungsgruppen", brüllt ein Berufsjugendlicher mit Armbinde in dieses Chaos, „zurück zur Kreuzung!"

## FAHRGÄSTE AUS DEN BUSSEN GEZERRT

Manche Jugendliche im FDJ-Hemd zögern bei den Befehlen. „Wer nicht will, kann gehen!", bekommen sie zu hören. Auch Mitglieder der GST, der Gesellschaft für Sport und Technik, sind dabei, Nahkämpfer und Funkamateure mit ihren paramilitärischen Hobbys. Prügelszenen, Schreiduelle, Verhaftungen: An dieser Kreuzung wird es äußerst kritisch. In der drängenden Menschenmasse eingekeilt sind die Trabant- und Wartburg-Autos, die nicht mehr weiter können. Ein Linienbus steht quer auf der Kreuzung, umringt von Menschen. Er kann keinen Zentimeter weiter. Aus allen Bussen und Straßenbahnen, die ins Krisengebiet führen, werden indessen alle Fahrgäste herausgezerrt. Es soll keinen weiteren Zulauf geben. Das Blaulicht der Rettungsautos blitzt im Stakkato die Verletzten an, die auf der Trage abtransportiert werden.

Der Zug bewegt sich weiter in Richtung Gethsemanekirche. Es ist später Abend geworden. Kolonnen von Mannschaftswagen der Polizei zwingen die Zuschauer, die allesamt mit den Demonstranten sympathisieren, zur Seite zu springen. Ein weiterer Pulk aus Dutzenden Polizeiautos rast mit Blaulicht heran. Im Film wäre es eine tolle Szene.

## HUNDE, STIEFEL, MESSER, SCHIRME

Jetzt sprechen der Gummiknüppel, der Stiefel, der Regenschirm, die Faust. Die Staatsmacht wird in Zivil sowie in Uniform aktiv. Wahllos werden Leute verfolgt, zu Boden gerissen, getreten, gegen Autos gestoßen, mit Hunden gejagt, mit Messern bedroht. Und lastwagenweise abtransportiert. Frauen werden angegriffen, offensichtlich um deren Männer zu Handgreiflichkeiten gegen die Obrigkeit zu provozieren. Wohnungsfenster, aus denen Pfiffe kommen, kriegen eine Ladung aus dem Wasserwerfer ab. Ein Demonstrant, der sich im Gewirr versehentlich einen Augenblick in die Kette der FDJ-Leute eingehängt hat, wird arg misshandelt. Augenzeugen am Straßenrand schreien die Schläger so bedrohlich an, dass er wieder freigelassen wird.

Der Himmel darüber funkelt in allen Farben: Von Friedrichshain herüber ist das brillante Höhenfeuerwerk zu sehen. Ein Geburtstag, den die DDR nicht so bald vergessen wird.

Um halb zwei Uhr nachts erst löst sich die Demo auf. Die mehrfache Einkesselung wird beendet. Die Wasserwerfer rollen ab, in Ostberlin, in Dresden, in Potsdam, in Plauen, in Leipzig. Vorerst hat die Staatsgewalt gesiegt. In Berlin war es die letzte große Demonstration unter diesen Vorzeichen. Als dann am 4. November knapp eine Million Menschen zusammenkommen, sind die Machtverhältnisse fast schon umgedreht.

Ein Nachspiel gibt es noch am 8. Oktober an der Gethsemanekirche. Dort stecken 3.000 Leute, die sich an der Mahnwache für inhaftierte Bürgerrechtler beteiligen. Als die Menschen die Andacht verlassen, sehen sie sich von Polizeieinheiten eingekesselt. Sie werden aufgefordert, einzeln aus dem Kessel zu treten. Stattdessen setzen sich alle mit brennenden Kerzen zum Sitzstreik nieder. Auch hier agieren Spezialeinheiten: Mit Schlagstöcken vertreiben sie die Demonstranten, 500 werden verhaftet, abermals viele misshandelt.

Die Journalistenvisa laufen alle am Sonntag, dem Tag nach dem DDR-Geburtstag, ab, und die Grenzen sind dicht. Anlässlich der 40-Jahr-Feiern der Staatsgründung und des Besuches von Michail Gorbatschow verweigert die DDR westlichen Besuchern die Einreise nach Ostberlin. Die DDR bleibt unter sich. Den Leuten macht das Angst.

## NACKT UND IN DER HOCKE RAUF UND RUNTER

Kurz darauf erhalte ich Einsicht in Protokolle, die schildern, was den „zugeführten", also festgenommenen Leuten in jener Nacht und danach widerfahren ist.

Ein paar Aussagen: „Wahllos wurde auf alles, was sich bewegte, mit diesen Schlagstöcken eingedroschen." – „Die Mutter wurde von ihrem zwölfjährigen Mädchen getrennt." – „Eine Frau versuchte, ihren Mann aus den Griffen der Zivilkräfte zu befreien. Sofort stürzten sich sechs Einsatzkräfte auf sie und schlugen auf sie ein." – „Einen Mitgefangenen ließen sie nackt in Hockstellung die Treppen rauf und runter hüpfen." – „Vor den Augen des Kindes wurde ein Mann auf dem Hof von der Volkspolizei ins Gesicht geschlagen und von drei Mann geprügelt."

Die Fratze der Stasi: Kaum ist Gorbatschow abgereist, bekommen Demonstranten und zufällig Anwesende die Gewalt des Staates zu spüren. Szene in der Dimitroffstraße. (Foto: Nikolaus Becker, www.bilderundfilme.de)

Wahllos herausgegriffene Zitate aus den „Gedächtnisprotokollen" von DDR-Bürgern aus den Tagen und Nächten nach dem 7. Oktober, in denen sich die Staatsgewalt noch einmal aufgebäumt hat – mit brutalen Einsätzen und teils sadistischer Behandlung beim Verhör, das tiefnachts begann und bis Mitternacht des nächsten Tages dauerte.

Die Sicherheitskräfte griffen willkürlich Leute heraus und „führten sie zu", wie es im DDR-Amtsdeutsch hieß. Auch Personen, die an den Demonstrationen überhaupt nicht beteiligt waren. Unter den „Zugeführten" befanden sich auch Schulkinder und eine Schwangere.

So transportierte man sogar einen Facharzt „zur Klärung eines Sachverhalts" aufs Revier, wo er sich mit 25 jungen Leuten ausziehen musste. Mütter wurden bis zum nächsten Tag festgehalten, obwohl zu Hause Kleinkinder warteten. Völlig unbeteiligte Anrainer wurden aus ihren Autos gezerrt, verprügelt und abgeführt.

Stundenlang mussten die Festgenommenen in abnormalen Stellungen in Garagen verharren, durften nicht aufs WC gehen, nicht sprechen, sich nicht im Raum umsehen. Demonstrativ schmatzend aßen die Vopos (Volkspolizisten) vor den hungrigen Festgenommenen.

## BETRUNKENE UND ÜBERMÜDETE POLIZISTEN

Wer einschlief, wurde geschlagen und angebrüllt. Mädchen, an Haaren und Armen abgeschleppt, mussten die Fußböden in den Toiletten schrubben. Wer sich zu schnell oder zu langsam bewegte, wurde – von mehreren Polizisten gleichzeitig – geschlagen.

Aus den Protokollen geht hervor, dass viele Polizisten betrunken und völlig übermüdet waren. Die Aufseher schüchterten die Festgenommenen immer wieder mit Hunden ein. Freilich merkten manche Opfer an, dass sich einige Uniformierte auch menschlich verhalten hätten.

Zum Ausklang der offiziellen Jubiläumsfeiern ging das Land ganz knapp am Bürgerkrieg vorbei. Ein Angehöriger der Nationalen Volksarmee (NVA) schilderte mir, wie auch die Soldaten mit Gummiknüppeln ausgerüstet und in höchste Alarmbereitschaft versetzt worden seien. Sie hätten notfalls die Volkspolizisten und die Stasi-Leute unterstützt – „obwohl sich wahrscheinlich achtzig Prozent von uns geweigert hätten, weil wir genau so denken wie die Demonstranten".

# DIE WENDEHÄLSE VOM
# 4. NOVEMBER 1989

Die Massendemonstration vom 4. November 1989 am Alexanderplatz: ein Meer von Menschen und Transparenten, eine Rednerbühne für mutige Bürgerrechtler, ein Schauspiel an Verrenkungen politischer Wendehälse. Fünf Tage, bevor die Mauer fiel, verfiel die ganze Autorität des Regimes.

Die Formation war perfekt. Das Militär hätte es nicht akkurater machen können. Auf jeder der vier Fahrspuren bewegte sich ein Reinigungsfahrzeug, jeweils um genau eine halbe Fahrzeuglänge versetzt. Sie rollten im Schritttempo voran, absolut gleichmäßig. Wie eine preußische Choreografie zum Ende des DDR-Regimes.

Die Reinigungskommandos schoben viel Müll vor sich her und kehrten die Fahrbahn. Sie reinigten die Straßen, als sollten Spuren vernichtet und ein Stück Geschichte weggewischt werden. Bis heute interessiert mich weniger, was den „Wendehälsen" der DDR-Nomenklatura am Abend des 4. November 1989 durch den Kopf ging, als vielmehr, was in den Köpfen dieser Stadtreiniger vorgegangen sein mag.

Dass ab diesem Tag nichts mehr sein würde wie vorher, das muss ihnen klar gewesen sein. Denn mit Aufräumarbeiten zum Abschluss einer oppositionellen Demonstration waren sie in der Hauptstadt der DDR bisher noch nie beauftragt gewesen. Kurz vorher hätte man noch damit rechnen müssen, dass die Vehikel zum Verscheuchen der Demonstranten und zur Auflösung einer Kundgebung eingesetzt würden. Dafür war es diesmal zu spät.

Etwa eine Million Menschen – fast so viele, wie Ostberlin Einwohner hat – hatten sich an der größten Demonstration beteiligt, die jemals in der DDR stattfand. Ob es tatsächlich eine oder nur eine halbe Million Menschen waren, wird sich nie mehr feststellen lassen. In jedem Fall war der 4. November 1989 überwältigend.

Mit der SED und dem Stalinismus gingen die Demonstranten und die meisten der 26 Redner am Ostberliner Alexanderplatz hart ins Gericht. Wer von der SED selbst das Wort ergriff, wie etwa Politbüromitglied Günter Schabowski, der hatte kaum Chancen, sich gegen Buhrufe und „Aufhören! Aufhören!" Gehör zu verschaffen. Schabowski hatte den schwersten Stand. Pfiffe übertönten seine Fünfminutenrede. Sprechchöre wie „Wir sind das Volk!" erstickten seine Frage: „Was bewegt einen Kommunisten in dieser Stunde?" Mit „Lüge! Lüge!" quittierte die Masse sein Versprechen, die SED werde lernen, „mit Widerspruch, mit Salz und Pfeffer" zu leben.

Volkspolizei war kaum zu entdecken. Zwar stand die Exekutive massiv in den Seitenstraßen bereit, aber sie schritt nicht ein. Es gab keinen Zwischenfall. Allerdings hatten die Polizisten den Weg zum Brandenburger Tor und zur Berliner Mauer versperrt. Ein spontaner Umweg der Menschenmassen von der genehmigten Demonstrationsroute sollte auf jeden Fall verhindert werden.

## KRALLE DER MACHT, PFÖTCHEN DES DIALOGS

Manfred Gerlach von der Liberalen Blockpartei (LDPD) forderte die Volkskammer auf, endlich zur Lage Stellung zu nehmen. Tosender Applaus erhielt er für den Satz: „Jetzt geht es auch um den Rücktritt

4. November 1989 in Berlin: Eine Menschenmasse macht sich Mut und rechnet mit den Regierenden ab. Noch fünf Tage bis zum Mauerfall. (Foto: Bundesarchiv)

der Regierung." Jens Reich vom Neuen Forum sagte, der Dialog sei nicht das Hauptgericht, sondern die Vorspeise.

Pfarrer Friedrich Schorlemmer aus Wittenberg wandte sich an die Ausreisewilligen: „Hier lohnt es sich, hier wird es spannend, bleibt doch hier!" Er bekundete Respekt vor denen, die freiwillig zurücktreten. „Wer gestern noch die scharfe Kralle der Macht gezeigt hat und heute das sanfte Pfötchen des Dialogs hinhält, soll sich nicht wundern, wenn man darunter noch die Kralle vermutet."

Als „Nestor" der Bewegung sagte der Schriftsteller Stefan Heym, das Volk habe die Sprachlosigkeit überwunden und den aufrechten Gang erlernt – „und das in Deutschland, wo bisher sämtliche Revolutionen danebengegangen sind und die Leute immer gekuscht haben, unter dem Kaiser, unter den Nazis und später auch".

Die Schriftstellerin Christa Wolf sprach offenbar vielen aus dem Herzen: „Wir können das Wort Dialog schon nicht mehr hören!"

125

Dann zitierte sie aus dem „Literarischen Volksvermögen": „Stell dir vor, es ist Sozialismus, und keiner geht weg." Und: „Ein Vorschlag für den 1. Mai: Die Führung zieht am Volk vorbei."

## MARKUS WOLF UND DIE SCHEINWELT

Markus „Mischa" Wolf, der 34 Jahre lang die Hauptverwaltung Aufklärung (HVA) – den Auslandsspionagedienst im Ministerium der Staatssicherheit – geleitet hatte, präsentierte sich wie viele andere als Wendehals: „Trotz mahnender Stimmen in unseren eigenen Reihen konnten wir nicht verhindern, dass unsere Führung bis zum 7. Oktober in einer Scheinwelt lebte und selbst dann noch versagte, als die Menschen anfingen, mit den Füßen abzustimmen. Das war bitter für uns Kommunisten." Der Fackelzug am Abend des 6. Oktober und die Militärparade am Morgen des 7. Oktober wirkten, so Wolf, wie ein Abschied von einer längst vergangenen Zeit, und doch liege diese Zeit erst vier Wochen zurück. „Wir dürfen ihre Rückkehr nie wieder zulassen." Hunderttausende Kommunisten, die ehrlich gearbeitet hätten, erwarteten einen klaren Kurs.

Initiiert hatten die Demonstration Berliner Künstler und das Neue Forum. Hunderte Künstler fungierten mit gelb-grünen Armschleifen und der Aufschrift „Keine Gewalt" als Ordnungskräfte.

Schließlich forderten die Organisatoren die Einsetzung einer unabhängigen Kommission aus Historikern, Juristen und interessierten Bürgern. Dieses Gremium sollte alle Verfahren aufrollen, in denen jemand wegen angeblicher Straftaten gegen den Staat verurteilt worden sei. Unschuldig Inhaftierte sollten nicht nur amnestiert, sondern voll rehabilitiert werden.

Sie forderten ein „Abrüstungsprogramm" für Wasserwerfer, Rechenschaft über den Anteil am Nationaleinkommen, der für die Sicherheitstruppen ausgegeben wird, Rechenschaft, wie die SED mit dem

Der 4. November 1989 ist der Tag der Wendehälse – ein besonders prächtiges Exemplar dieser Gattung ist Markus Wolf, langjähriger Auslandsspionagechef der DDR
(Foto: Bundesarchiv)

Valutamonopol umgegangen sei, was sie für sich abgezweigt habe und welche Investitionsmöglichkeiten sie damit verhindert habe.

Sie verlangten die Offenlegung der politischen Biografien und Strafen für jene, die sich der Rechtsbeugung schuldig gemacht hätten. Und sie forderten, dass bei der nächsten Massendemonstration – zu der es freilich nie mehr kommen sollte – auch Wolf Biermann mitmachen könne. Dem ausgebürgerten Liedermacher war die Einreise verweigert worden.

## KEIN ARTENSCHUTZ FÜR WENDEHÄLSE

Auf ihren Transparenten forderten die Demonstranten Reformen, Demokratie und Freiheitsrechte sowie den Abbau der gigantischen Staatssicherheitsapparats: „Vopos, Stasi, Volksarmee – Fließbandarbeit tut nicht weh!"

Eine Tafel zeigte eine Karikatur mit dem neuen Regierungschef Egon Krenz: „Großmutter, warum hast du so große Zähne?" Weitere Sprüche auf den Transparenten: „Eure Politik ist zum Davonlaufen", „Wer sich nicht bewegt, fühlt seine Fesseln nicht", „Reformen, aber unbekrenzt", „Das Volk sind wir, gehen solltet ihr", „Kein Artenschutz für Wendehälse", „Privilegien für alle!", „Pässe für alle, Laufpass für die SED", „Wir wollen endlich Taten sehen, sonst sagen wir auf Wiedersehen" oder „Lieber eine Wanze im Bett als eine in der Steckdose" und „Visafrei bis Hawaii!"

Mit dem Slogan „Egon zu Tisch!" war keine Essenseinladung gemeint, sondern dass Honecker-Nachfolger Egon Krenz in Haft zu Gewerkschaftsboss Harry Tisch gewünscht wurde.

Als der Demonstrationszug an der großen Post am Alexanderplatz vorüberzog, entlud sich der Hass auf die Schnüffler: „Stasi raus! Stasi raus!" Die Millionen und Abermillionen Briefe, die geöffnet, die zurückgehalten, die gefälscht wurden, denen Schriftproben oder die

D-Mark-Scheine der westdeutschen Verwandten entnommen wurden – viele Millionen D-Mark pro Jahr, die zur Finanzierung von Investitionen in neue Stasi-Gerätschaften dienten –, Briefe, mit denen die Stasi sogar Desinformationskampagnen steuerte, etwa mit gefälschten westdeutschen oder österreichischen Poststempeln auf antisemitischen Pamphleten, die an jüdische DDR-Bürger adressiert waren und Empörung über den Westen und im Westen produzieren sollten, all dies geschah in Postämtern wie diesem.

## DDR-FERNSEHEN ENTSCHULDIGTE SICH

Eigentlich unglaublich, dass das Amt an dem Tag nicht gestürmt worden ist wie später die Stasi-Zentrale. Wenigstens befestigten ein paar Berliner das Transparent „Schnüffler und Unterschlager" an der Hausfassade.

Auch die publizistischen Handlanger des Regimes kamen dran. In einem Aufruf wurden Chefredakteure und Leitartikler gefragt, wie viele besorgte Leserbriefe sie unterschlagen hätten, wie viele von ihnen noch in den Redaktionen säßen, „die nur ihren Sessel um 180 Grad gedreht haben!". Immerhin: Der DDR-Rundfunk brachte die komplette Demonstration und alle Reden in Direktübertragung. Auch das DDR-Fernsehen übertrug die fünfstündige Kundgebung live. Noch kurz vorher wäre das undenkbar gewesen. Die „Aktuelle Kamera" bat sogar die Zuschauer für die frühere Art der Berichterstattung in aller Form um Entschuldigung.

Ich kann es an dieser Stelle nicht lassen, die Ignoranz des diensthabenden außenpolitischen Redakteurs in meiner Wiener Redaktion aufzuspießen. Dass die größte regimekritische Demonstration aller Zeiten in der DDR eine große Reportage auf Seite drei wert sei, wollte mir der Kollege, sonst Nahostexperte der „Presse", nicht glauben. Er meinte, ich sei von all diesen Demos in der DDR betriebsblind geworden, und wollte mir einen Einspalter freihalten. In harter Verhandlung einigten wir uns wenigstens auf einen Vierspalter auf der zweiten Seite (die nach Analysen des Leserverhaltens stets zu den am wenigsten beachteten Seiten gehört). Diese Fehleinschätzung von ihm schmerzt bis heute. Zwischen seinem sehr fernen Nahen Osten und meinem sehr nahen Nahost des Herbstes 1989 lagen Welten.

## DAS BRANDENBURGER TOR WAR TABU

Im Rückblick hat die Demo vom 4. November eher durch ihre Masse an Teilnehmern und die Spritzigkeit der Parolen Wirkung erzielt. Hier mitzumarschieren und die Redner teils anzufeuern, teils auszubuhen, erforderte jedoch nicht mehr den Mut wie zuvor die Kundgebungen in Leipzig, Plauen oder Dresden. Obwohl auch hier in Berlin noch hätte geschossen werden können. Wäre die Masse von der vorgeschriebenen Route abgewichen und in Richtung Brandenburger Tor marschiert, wären womöglich Waffen zum Einsatz gekommen. Die Vorbereitungen dafür waren getroffen.

Zum 20. Jahrestag der entscheidenden Leipziger Montagsdemo vom 9. Oktober war die Bürgerrechtlerin Bärbel Bohley, Malerin und Mitbegründerin des Neuen Forums, gern gekommen. Aber hätte es auch eine Feier zum Jahrestag der Demo vom 4. November geben, wäre sie nie hingegangen, sagte sie. „Als die mit polizeilicher Erlaubnis demonstriert haben, war ja schon alles vorbei. Was will man denn mehr, als dass auch Markus Wolf mitläuft?" Und zum 20. Jahrestag des Mauerfalls wollte sie schon gar nicht kommen. Am 9. November 2009 war sie in Taiwan. Sie wollte nicht mit ansehen, wie am Brandenburger Tor das Umfallen einer Dominomauer inszeniert wird, „und ich will nicht für Herrn Wowereit Mauerfall spielen".

# FLÜCHTLINGE

# 13. AUGUST 1961:
# WUT UND SCHWEIGEN

Am 13. August 1961 begann das DDR-Regime, Ostberlin abzuriegeln und den Stacheldraht auszurollen, den Vorläufer der Berliner Mauer. Der damalige Korrespondent der Wiener „Presse", Hans-Ulrich Kersten, beschrieb die Stimmungslage. Wir dokumentieren seine Reportage.

Damaliger Berlin-Korrespondent mehrerer Zeitungen, darunter der österreichischen „Presse", war der deutsche Journalist Hans-Ulrich Kersten. Sein Zeitungskürzel war huk.

„huk" beschrieb den 13. August 1961, schilderte die Stimmung der Berliner auf der Ost- und der Westseite, die wütend, gleichsam mit geballter Faust in der Tasche, zusehen mussten, wie der Stacheldraht ausgerollt wurde.

Ich habe seinen Artikel über den Tag eins des Mauerbaus ausgegraben. Die geschilderten Szenen, in denen er Berliner, die einander gar nicht gekannt haben, miteinander reden oder miteinander schweigen lässt, erinnern mich stark an ähnliche Szenen zur Wendezeit, an die letzten Tage des „antifaschistischen Schutzwalls".

Auch da standen Grüppchen einander völlig fremder Menschen zusammen. Was sie vorher auf den Straßen Ostberlins nie gewagt hätten: Sie redeten, diskutierten und ließen – noch verunsichert und verängstigt – ihre Gefühle raus. Aber es fiel kein lautes Wort. Die

Atmosphäre war gedämpft wie am Rande eines Begräbnisses. Im Hintergrund das Meer brennender Kerzen auf dem Vorplatz und den Stufen zur Gethsemanekirche nahe der Schönhauser Allee in Berlin. Viele hörten auch nur zu, nickten, schwiegen. Gespenstische Szenen, wenn ratlose Berliner die Seele öffnen.

Daran muss ich denken, wenn Hans-Ulrich Kersten die Szenen vom Beginn der Teilung Berlins wiedergibt. Kersten schrieb in seinen Zeitungen vom 14. August 1961 (ich zitiere seine Reportage im Wortlaut und unverändert, also auch nach den alten Rechtschreibregeln):

## *DIE FÄUSTE IN DER TASCHE GEBALLT*

*Berlin – Die Frühaufsteher unter den Westberlinern, die am Sonntag zum Frühstück in ihrem Radio nach der passenden musikalischen Unterhaltung suchten, hielten schockiert ein: „Der Verkehr zwischen … wird eingestellt", „bleiben folgende Übergänge geöffnet …", „hat der Ministerrat der DDR beschlossen …", so tönte es von allen Ostberliner Rundfunkstationen.*

*Die meisten schalteten sofort auf RIAS oder den „Sender Freies Berlin", und in deren Frühnachrichten hörten sie dann, was in der Nacht passiert war. Selten haben in Westberliner Wohnungen an einem Sonntagmorgen die Telefone so oft geläutet wie an diesem Sonntag. Einer sagte es dem anderen, aber wie oft klang auch die bange Frage auf: Ist der und der noch rübergekommen?*

*Schon in den frühen Morgenstunden des Sonntags setzte eine Masseninvasion der Westberliner in den Tiergarten ein. Die „Straße des 17. Juni" zwischen der Siegessäule und dem Brandenburger Tor war um 10 Uhr bereits verstopft. Ein Wagen parkte hinter dem anderen. Zu Hunderten, zu Tausenden ballten sich die Westberliner unmittelbar an dem Halbrund vor dem Tor. Westberliner Polizeiposten hielten sie zurück, sorgsam darauf bedacht, daß jede Unmutsäußerung unterbliebe.*

*Es ist nicht zuviel gesagt: Die dort standen und zusehen mußten, wie Volkspolizisten und Volksarmisten in Arbeitskleidung mit Preßluftbohrern unter dem Schutz schwerbewaffneter Soldaten und Polizisten die Straße aufrissen, quer über die Fahrbahn metertiefe und meterbreite Gräben aushoben, Steine und Asphalt zu Barrieren aufschichteten, Betonpfeiler einließen, Spanische Reiter aufstellten und (zumeist aus Westdeutschland bezogenen) Stacheldraht zogen, diese Westberliner, die sozusagen mit geballten Fäusten in den Taschen standen, diese Berliner kochten vor Wut.*

*Es sind trotzdem nicht wenige Westberliner, die unbeirrt dennoch mit ihrem Wagen durch das Brandenburger Tor oder über einen der übrigen zwölf offen gebliebenen Übergänge nach Ostberlin hineinfahren. Die Abfertigung ist ruhig und höflich: die Westberliner zeigen ihren Personalausweis vor, die westdeutschen Besucher ihren Paß oder auch ihren Personalausweis, dessen Nummer auf dem Zettel vermerkt wird, der ihnen bis 24 Uhr den Aufenthalt erlaubt. Und schon rollen die Wagen weiter.*

## HEERLAGER IN DEN STRASSEN

*Rund hundert Meter nach der Sektorengrenze passieren sie dann jene drei- und vierfache Postenketten, die jeden Passanten in Richtung Westen kontrollieren. Hier wird jeder, aber auch jeder Ostberliner oder Zonenbürger unbarmherzig zurückgeschickt, gleichgültig, welche Bitte er auch immer vorbringt, um nach Westberlin zu gelangen.*

*Die Straßen des ehemaligen Regierungsviertels der alten Reichshauptstadt gleichen einem Heerlager. Mannschaftswagen über Mannschaftswagen sind in den Straßen oder auf Ruinenflächen abgestellt. Aus den Hauseingängen der Ministerien und sonstigen Verwaltungsgebäuden, aus den Einfahrten lugen schwerbewaffnete Angehörige der „Betriebskampfgruppen" in ihren grauen Anzügen hervor, und immer wieder,*

135

nahe dem Bahnhof Friedrichstraße, in der Leipziger Straße, nahe dem „Haus der Ministerien", dem früheren Reichsluftfahrtministerium, finden sich auf Ruinenflächen sechs, sieben, acht Schützenpanzer, hier und da auch ein Panzer sowjetischer Bauart, besetzt und fahrbereit.

Es sind nicht allzu viele Passanten, die auf der Ostberliner Seite den Geschehnissen folgen. An den großen Straßenkreuzungen in der unmittelbaren Nähe offener oder nunmehr geschlossener Sektorenübergänge haben sich Menschentrauben gebildet, aber kein Wort fällt. Sie schweigen, und ihre Gesichter sind beredter Ausdruck dessen, was sie in diesen Stunden denken und empfinden.

Die Funktionärslimousinen, die an diesem Vormittag mit auffallend erhöhter Geschwindigkeit an ihnen vorbeipreschen, würdigen sie keines Blicks. Selbst wo irgendwelche Gruppen zusammenstehen, wo man vielleicht von außen her ein Gespräch, eine Diskussion vermuten könnte, fällt kein Wort. Keiner kennt den anderen, sofern er nicht an seiner Uniform erkennbar ist: und so schweigt man.

Erst im Bahnhof Friedrichstraße wird die ganze Nervosität dieses Tages sichtbar. Hier, wo die Schienenstränge der Fernbahn, der S-Bahn und der U-Bahn aus allen vier Richtungen der Stadt zusammenlaufen, spürt man die ganze Bedeutung des Tages.

So muß es zu allen Zeiten auf allen Bahnhöfen der Welt bei Bekanntwerden einer Kriegserklärung ausgesehen haben. Menschen, die sich bis zu dieser Stunde nie gesehen haben, stehen zusammen, reden auf einen Uniformierten ein, warten vor irgendeinem Amtszimmer, lesen Zeitungen, irren umher von dem einen Ausgang zu den Bahnsteigen, zu dem anderen, planlos, ratlos, aufgescheucht wie von einer Luftschutzsirene.

Alle Hinweise zu den Bahnsteigen gelten nicht mehr. Wo „Eingang" steht, ist geschlossen. Wo „Ausgang" steht, ist der Zugang. Keiner findet sich mehr zurecht. An jeder Sperre, gleichgültig ob offen oder geschlossen, stehen Polizisten. Sechs, sieben oder mehr an der Zahl.

Es ist, als wollte jeder noch den letzten Zug erreichen. Aber es fährt

In den frühen Morgenstunden fing der „Mauer"-Bau an – zunächst nur mit Stacheldraht (Foto: Bundesarchiv)

*kein Zug mehr. Jedenfalls nicht mehr in Richtung Westen. Nur Inhaber eines Westberliner Personalausweises dürfen jenen S-Bahn-Zug betreten, der vom Bahnhof Friedrichstraße als Einsetzer in Richtung Westen fährt.*

*Das Chaos auf dem anderen Bahnsteig, von dem aus, ebenfalls als Einsetzer, die Züge in Richtung Osten fahren, ist nicht mehr zu entwirren. Menschentrauben drängen in die Züge. Nur zurück, nur fort. Die menschlichen Tragödien, die sich vom frühen Sonntagmorgen an auf diesem Bahnhof abgespielt haben, sind fast nicht auszudenken; wie viele Flüchtlinge mögen in der Nacht aus ihren Heimatorten aufgebrochen sein, um dann in Ostberlin, zumeist hier auf diesem Bahnhof, von der Entwicklung überrascht worden zu sein.*

*Für die Geheimhaltung, mit der Pankow die Abriegelung Westberlins vorbereitet hat, spricht die Tatsache, daß als einzige der fünf in Ostberlin sonntags erscheinenden Zeitungen nur das SED-Zentralorgan*

„Neues Deutschland" den Beschluß des Ministerrates, die Erklärung der Regierungen der Warschauer Vertragsstaaten und die Anordnungen des sowjetzonalen Innenministers und des Verkehrsministers veröffentlichte.

Laufend erhält der Zeitungskiosk im Bahnhofsgebäude Nachschub. Selten ist das Blatt, zumal an einem Sonntag, so reißend weggegangen wie an diesem Tag. Aber kaum jemand verschwendet die Zeit mit der Lektüre der langstieligen Erklärungen, deren Formulierungen sie seit Wochen und Monaten kennen.

Fast jeder liest nur die amtlichen Anordnungen, will konkret wissen, was ist und was wird und hält nachdenklich inne, wenn er die letzten Zeilen unten auf dem hochformatigen Blatt liest: „Diese Maßnahmen tragen vorläufigen Charakter und bleiben in Kraft bis zum Abschluß eines Friedensvertrages."

Neben der Hoffnungslosigkeit, die in diesen Stunden durch die Hallen dieses Bahnhofsgebäudes geistert, steht der Gleichmut, wie er hier und da aus den martialischen Gesichtern der Uniformierten schaut, steht das verlegene Lächeln der Funktionäre, und dennoch geht das Leben weiter. In den Wartesälen sitzen die Reisenden, an den Fahrkartenschaltern ballen sich die Menschen, aber die Fahrkarten in die Freiheit sind ausverkauft.

Am Alexanderplatz sind dem Straßenbild kaum die Geschehnisse dieses Tages abzulesen. Hier spürt man schon kaum mehr die Nervosität der Innenstadt. Hier fehlen auch schon die Uniformierten, wenn man von einzelnen Fahrzeugen der Volkspolizei oder der Volksarmee, von vereinzelten Polizeiposten auf Balkonen oder auf den Bahnüberführungen absieht.

Hier möchte man fast meinen, der Sonntag habe begonnen, und die Menschen, die an den Haltestellen der Straßenbahn warten, wollten hinaus ins Grüne, aber auch hier dürfte der Schein trügen. Auch für einen Sommersonntagvormittag ungewöhnliche Koffer oder Einkaufsnetze lassen eher darauf schließen, daß deren Träger mit bangem Her-

*zen die Rückfahrt antreten von einem „Ausflug", der ihnen ein neues*
*Leben bedeutet hätte.*

*Und wie Menschen von einem anderen Stern betrachten sie jene Grup-*
*pe amerikanischer Touristen, die unter der Führung einer blaugeklei-*
*deten Hostesse über die Schloßbrücke die Straße zum roten Rathaus*
*herunterschlendert. So, als wäre nichts geschehen an diesem Sonntag.*

Soweit der Text von Hans-Ulrich Kersten (huk), er war im Jahr des
Mauerbaus 49 Jahre alt. Geboren 1912 in Stettin, jüngster Chefredakteur der zu Ende gehenden Weimarer Republik. In der konser-
vativen „Pommerschen Tageszeitung" erregte er bald das Misstrauen
von Joseph Goebbels. Kurz nach dem Zweiten Weltkrieg wurde er
der erste Chefredakteur des Senders RIAS Berlin. Danach selbstständig als freiberuflicher Korrespondent, unter anderem für „Die Presse" in Wien. Von 1972 bis 1989 war er auch Vorsitzender des Berliner
Journalistenclubs – eines reinen Herrenclubs. Kersten hat sich jah-
relang gewehrt, Journalistinnen zuzulassen. Erst 1983 beugte er sich
der Mehrheit der Mitglieder. Er starb 1994 im Alter von 82 Jahren.

# CONRAD SCHUMANN – DIE FLUCHT, DAS FOTO, DIE FRAGEN

Das weltberühmte Foto zeigt Conrad Schumann beim Sprung über den Stacheldraht. Das war am dritten Tag nach Beginn des Mauerbaus. Ein Gespräch am Checkpoint Charlie mit dem ersten geflüchteten Volksarmisten der DDR.

Knapp zwei Wochen nach dem Mauerfall lud Rainer Hildebrandt, der damalige Direktor des Mauermuseums am Checkpoint Charlie, ein paar Journalisten zum Gespräch mit Conrad Schumann ein. Ich freute mich darauf, den wohl berühmtesten Volksarmisten kennenzulernen. Sein Sprung über den Stacheldraht in die Freiheit am dritten Tag des Mauerbaus gehört zu den Bildern des Jahrhunderts und zum Symbol für den Kalten Krieg.

Allerdings gab es da ein Problem. Ausgebrannt von wochenlangem Dauerstress, wollte ich am Vorabend mit Georg Fürböck, damals Korrespondent für den Wiener „Kurier", durch Ostberliner Kneipen ziehen und die augenblickliche Stimmung einfangen. Einfach zuhören, was die Leute beim Bier bewegt. Leider sollte sich der Vorabend bis zur Morgendämmerung hinziehen.

Solei und Rollmops waren die einzigen Speisen unserer ersten Gaststätte. Soleier sind ein Berliner Unikum, da werden hartgekochte Eier in einer Kochsalzlösung eingelegt, damit sie ungekühlt länger halten. So schmecken sie dann auch. Aber im gläsernen „Hungerturm" auf dem Kneipentresen gab es nichts anderes, und wir waren verdammt hungrig.

Solei und Rollmops lagen sofort schwer wie Steine im Magen. Appetit hatte ich plötzlich nur noch auf harte Getränke, die die Steine aufweichen sollten. Und so weiter. Das Allerletzte, woran ich mich erinnere, waren am frühen Morgen die köstlichen Mokkaliköre mit Sahnehäubchen im damaligen Lindencorso an der Friedrichstraße/ Ecke Unter den Linden (heute Automobilforum von VW). Das Gewoge einer ältlichen Reisegruppe aus Bulgarien oder aus der Ukraine auf der Tanzfläche gab mir den Rest.

## GESPRÄCH BEI ATHENA

Beim Pressegespräch mit Schumann am nächsten Morgen hatte ich also ein Problem. Ich war leichenblass, stellte keine Fragen, machte keine Notizen und krallte mich am Holzstuhl fest. Danach schleppte ich mich auf die andere Straßenseite. Zum „Athena II" Dort kannte man mich längst als Gast und Vieltelefonierer. Es war nämlich das erste Lokal im Westen nach dem Grenzübergang Checkpoint Charlie, von wo ich in die Redaktion telefonieren konnte. Auf der DDR-Seite war das meist nicht möglich.

Im „Athena II" bestellte ich Kamillentee mit Weißbrot und ärgerte mich über mich und die verpasste Gelegenheit, mit Schumann persönlich zu sprechen.

Plötzlich stand er in der Tür des griechischen Lokals. Offenbar musste sich Schumann nach dem Termin im Mauermuseum stärken. Er war allein und stellte sich unschlüssig an die Theke. Da riss ich mich zusammen und sprach ihn an. Er war ziemlich zurückhaltend, schüchtern. Kein Heldentyp, zu dem ihn das Foto hätte machen können. Gern und freundlich ging er auf meine Fragen ein, wenn auch etwas wortkarg. Ganz offensichtlich war ihm bei diesem persönlichen Gespräch an der Theke sehr viel wohler als zuvor auf dem Podium vor den Journalisten.

Aber was er mir sagte, klang mir etwas zu routiniert und an manchen Stellen wie einstudiert.

## FLUCHTSTELLE AN DER BERNAUER STRASSE

Was er, der als 18-Jähriger mit seinem Sprung Weltruhm erlangt hatte, so kurz nach dem Mauerfall empfinde?

„Ich habe einen Tag nach meiner Flucht am 15. August 1961 erfahren, dass ich der erste geflüchtete Volksarmist bin. Mich hat es sehr gefreut, dass die Mauer jetzt durchlässig ist und die DDR-Bürger sich den Westen anschauen dürfen, der ihnen 28 Jahre vorenthalten worden ist."

Es habe ihn auch gefreut, dass die Regierung der DDR eingesehen habe, dass es für die Bevölkerung besser sei, wenn sie die Grenze aufmacht. „Das hat mich sehr bewegt und bewegt mich heute noch. Vor zwei Wochen hat man noch gar nicht begreifen können, was jetzt passiert."

Ob er sich „seine" Fluchtstelle schon angesehen habe? „Ja, ich war in der Bernauer Straße/Ecke Ruppiner Straße. Als ich das gesehen habe, da musste ich weinen."

Er sollte dort am 15. August 1961, dem dritten Tag des Mauerbaus, die Sektorengrenze überwachen und die Menschen von der Flucht abschrecken. In der Bernauer Straße war der Stacheldrahtzaun noch niedrig.

„An dieser Stelle gab ich damals Jugendlichen auf der anderen Seite zu erkennen, dass ich flüchten will. Zehn Minuten später kam ein Polizeiwagen, die hintere Türe offen. Da lief ich los und warf mein Gewehr weg, um besser über die Stacheldrahtrollen springen zu können. Dabei bin ich halt fotografiert worden."

Conrad Schumann und sein berühmter Sprung über den Stacheldraht (Foto: AP)

Was wirklich in ihm vorgegangen sein mag, verbarg er hinter den teilweise vorformulierten Antworten.

Bereut habe er die Flucht nie, sagte er. Nach ihm sollen noch 2.700 Angehörige der Nationalen Volksarmee (NVA) geflüchtet sein, habe er gehört. „Die haben das Gleiche gewagt wie ich, Freiheit gesucht wie ich, alles zurückgelassen wie ich. Nur durch dieses berühmte Foto hat man mich immer stellvertretend für die vielen anderen befragt." Das Foto von Peter Leibing, damals Volontär einer Hamburger Fotoagentur, gehört seit 2011 zum Weltdokumentenerbe der UNESCO.

Den Massenexodus der Menschen aus seiner ehemaligen Heimat könne er voll verstehen. „Auch die, die trotz der neuen Reiseerleichterungen jetzt noch übersiedeln. Die sehen keine Perspektive in der DDR."

# VERFOLGUNGSDRUCK
## ALS STÄNDIGER BEGLEITER

Mit seinen Eltern und Geschwistern habe er über all die Jahre nur brieflich Kontakt halten können, erst seit kurzem auch telefonisch. Besuche gab es nie, er sei nie wieder in die DDR gefahren. Auch mit früheren Kollegen habe er nie mehr Kontakt gehabt. „Warum auch?" Dass die SED unter Egon Krenz ihren Führungsanspruch noch behaupten könne, bezweifelte er damals. Und ob er sich eine Wiedervereinigung vorstellen könne? „Wie die Umstände jetzt sind, eigentlich nicht. Aber in ferner Zukunft vielleicht."

Der sensible Audi-Arbeiter aus Ingolstadt hinterließ einen wirklich sympathischen Eindruck. Aber irgendetwas schien ihn zu bedrücken. Er wirkte sehr nachdenklich. Vielleicht fühlte er sich in der Rolle des Vorzeigeflüchtings, die er aufgrund seiner Prominenz da zu spielen hatte, nicht wirklich wohl. Vielleicht hatte er Schuldgefühle gegenüber seinen Eltern und Geschwistern in Sachsen, die er erst Jahrzehnte nach dem Sprung – und auch da nach langem Zögern – besucht hatte. Vielleicht machte ihm auch die Befürchtung zu schaffen, ehemalige Mitarbeiter des Ministeriums für Staatssicherheit könnten sich an ihm rächen. Vielleicht hat sich die Anspannung nie gelegt, die ihn vor dem Sprung von 1961 zum Kettenraucher werden ließ und den Schlaf raubte. Vielleicht haben ihn die wütenden Schreie seiner DDR-Kollegen über den Stacheldraht hinweg noch lang verfolgt. Vielleicht hat es ihn zudem getroffen, dass ehemalige Kameraden auch viel später nichts mehr mit ihm zu tun haben wollten.

Das mag erklären, warum ihm Rainer Hildebrandt zu Beginn des Journalistengesprächs im Mauermuseum ausdrücklich gedankt hatte, „dass er mitmacht". Das war also keine Höflichkeitsfloskel, sondern ließ ahnen, dass die Teilnahme Schumann viel Überwindung und Hildebrandt viel Überredungskunst gekostet haben muss.

„Heute ist es wichtig, an der Seite eines Volksarmisten zu sagen: Die Zahl der Todesopfer wäre größer gewesen, wenn nicht so viele Grenzposten bewusst danebengezielt hätten", sagte Hildebrandt, als er Schumann vorstellte. „Hier soll ihnen ein Dank gesagt werden für menschliche Verhaltensweise. Manche hat es ja auch Strafen gekostet."

Es tat mir sehr leid, acht Jahre später erfahren zu müssen, dass sich Conrad Schumann in seiner neuen Heimat das Leben genommen hat, knapp 37 Jahre nach seinem Sprung über den Stacheldraht. Er hat sich am 20. Juni 1998 im Gartenschuppen erhängt. Da war er 56 Jahre alt.

Wie hatte die DDR-Volkskammer in einer internen Verlautbarung zum Mauerbau gemeint? „Die neuen Schutzmaßnahmen werden gewisse Unbequemlichkeiten mit sich bringen."

# „WILLKOMMEN IN DEUTSCHLAND"

In Westdeutschland platzen die Aufnahmelager aus allen Nähten. Die DDR rinnt aus. Hunderttausende wollen westwärts, durch Ausreise oder Flucht. Ein Brennglas von Schicksalen. Ich besuche die Lager zwischen August und November 1989 – in Gießen und Unna, in Freilassing und Trostberg, in Meckenheim und Berlin-Marienfelde. Eine Aufklärungstour wider DDR-Nostalgie.

„Herzlich willkommen in Deutschland!" steht auf dem Zettel, den ein junger Flüchtling ans Schwarze Brett im Zentralen Aufnahmelager im hessischen Gießen geheftet hat. Der Gruß gilt seiner Freundin aus der DDR, deren Ankunft er jeden Moment erwartet. Ob sie es bemerkt, was er ihr da geschrieben hat: Herzlich willkommen in Deutschland – so als wäre Deutschland nur hier in der Bundesrepublik und nicht auch in der DDR?

Willkommen in Deutschland: Gießen ist völlig überfüllt. Das Lager fasst 500 Menschen und beherbergt bereits 2.000. Trotzdem kommt eine Busladung nach der anderen an. Auch Turnhallen und Kirchensäle sind schon Schlafstätten. Matratzen gibt es nur für Kinder, die Erwachsenen schlafen auf dem Fußboden.

Aus den meisten sprudelt es nur so heraus. Andere verdrücken sich, wenn ein Fotograf in der Nähe ist. Sie fürchten sich vor DDR-Spitzeln, die den Daheimgebliebenen noch Probleme machen könnten.

Ein Misstrauischer hält sogar den österreichischen Reporter für eine besonders perfide Idee der Stasi und will mir gar nichts sagen.

Die 37-jährige Ingrid S. ist mit dem 18-jährigen Sohn Johannes und der 17-jährigen Tochter Bernadette und deren Freund, dem 19-jährigen Anton, über Ungarn und Österreich nach Gießen gekommen. Ihr Mann daheim hat keine Ahnung, dass seine Familie nicht mehr am Plattensee urlaubt, sondern spontan die Freiheit aufgesucht hat. Herr S. hatte keinen Urlaub bewilligt bekommen. Die vier wurden zwar von einer Ungarin vor den Hunden der Grenzer gewarnt. Dennoch marschierten sie eine Nacht lang, wateten bis zu den Knien im Sumpf, verloren dabei ihre Schuhe, mussten mit Grenzpfählen Wildschweine verjagen, sich vor einem Lkw der Grenzer verstecken, über einen Zaun aus Stacheldraht klettern – und kamen um vier Uhr nachts in Österreich an. „Als wir eine Tafel mit der deutschen Aufschrift ‚Auf Wiedersehen‘ entdeckten, das war der schönste Augenblick!"

Und jetzt? Sie wissen es nicht. Bekannte, die sie in der Bundesrepublik haben, wollen sie nicht anrufen, um sie nicht zur Gastfreundschaft zu nötigen. Sie hoffen, dass sie der Familienvater im westdeutschen Fernsehen entdeckt hat, das über den Transfer Wien–Frankfurt berichtete. Vielleicht wird er längst verhört, sorgen sie sich. Vielleicht drängen ihn die Behörden schon zur Scheidung. Sie rechnen damit, dass er den Ausreiseantrag stellen wird.

Bernadette, Auslagendekorateurin, konnte diese kommunistische Propaganda nicht mehr nachbeten. Ihr Bruder hätte demnächst den eineinhalbjährigen Militärdienst antreten müssen. Er müsste einen Staat verteidigen, der ihm, weil Christ, das Abitur verwehrt. Die Mutter war die Repressionen, die Warteschlangen, die Regimelügen und Erfolgsmeldungen in den Zeitungen leid. Die Tochter habe jetzt in der Schule gelernt, der Kapitalismus sei eine Scheinblüte, die DDR werde das System in ein, zwei Jahren überrundet haben. „Aber genau das hab ich wortwörtlich schon in meiner eigenen Schulzeit gelernt!"

Vor elf Jahren hatte der 37-jährige Heizer Manfred Pechmann aus Eberswalde bei Frankfurt an der Oder seinen ersten Ausreiseantrag gestellt. Immer wieder abgelehnt. Er rechnete nicht mehr damit und nahm gerade einen Kredit für Möbel auf. Dann kam unerwartet die Genehmigung, er musste das Land aber unverzüglich verlassen.

„Wer einmal im Knast war, der wird überall benachteiligt." Bis zuletzt erhielt er nur den halben Lohn. Warum musste er 16 Monate absitzen? Weil er einmal versucht hatte, über die Grenze in die BRD zu flüchten. Er hat seine überstürzte Ausreise noch nicht verarbeitet und ist mental im Westen noch nicht angekommen: Er erzählt von einer Tante, die er „drüben" habe, in Stuttgart …

Als Glückskind betrachtet sich Birgit A., deren Mann schon im Dezember davor – ohne ihr Wissen – die DDR illegal verlassen hatte. Üblicherweise kann der Ehepartner nicht nachkommen. Die Behörden wollten sie zur Scheidung zwingen. Ihr Mann allerdings, Produktionsleiter in einer Papierfabrik, setzte alle Hebel in Bewegung: Briefe an die UN-Menschenrechtskommission, an Bundeskanzler Helmut Kohl, an den Staatsratsvorsitzenden Erich Honecker. Er hatte ein Druckmittel: „Mein Mann wusste durch seinen Beruf über vieles Bescheid. Er drohte, Namen und Fakten zu nennen." Dann wurde sie für den 9. August 1989, 15 Uhr, ins Amt bestellt und erhielt die Aufforderung, noch am selben Tag mit dem 20.47-Uhr-Zug das Land zu verlassen.

Ein paar Beispiele aus unzähligen Gesprächen. Die BRD improvisiert mit allen Kräften, um die Menschen unterzubringen. Kasernen und Internate von Polizeischulen werden hergerichtet, Zivilschutzbunker vorbereitet, Containerdörfer aufgestellt, Turnhallen belegt, Freibäder zu Lagern umfunktioniert, Hotels vom Staat angemietet. Im Hamburger Hafen sind Übersiedler in Schiffen untergebracht. In Meckenheim bei Bonn dauert es nur ein paar Stunden, bis die Großgarage des Roten Kreuzes zum Massenschlafquartier wird.

„Ich sagte dem Bürgermeister, wenn mich die Behörden weiter so verschaukeln, dann stell ich auch den Ausreiseantrag, und dann sind halt wieder zwei Leute weniger im Betrieb. Sitzt der da und lacht mich an: ‚Ja, wenn Sie der Meinung sind, dann hauen Sie halt ab!‘ Da war für mich Feierabend. In diesem Land? Nee. Das war für mich ausschlaggebend.“ Jetzt lehnt der 28-jährige Facharbeiter für Holztechnik am Eingang der Bundesschule des Roten Kreuzes in Meckenheim bei Bonn, einen Plastiksack mit Formularen in der Hand. Die Schule wurde innerhalb von zwölf Stunden in ein Notaufnahmelager für 750 Übersiedler umgewandelt. Und schon platzt es aus allen Nähten. In der mit Heißluftgebläse gewärmten Großgarage stehen Hunderte Feld- und Dutzende Stockbetten, eines neben dem anderen.

## DER ZETTEL MIT DER ENTSCHULDIGUNG

Der Aussiedler ist überwältigt von der Organisation. Vor allem von dem Zettel, den die Rot-Kreuz-Leute auf jedes Bett gelegt haben. Darin entschuldigen sie sich für die Wartezeiten im Aufnahmeverfahren. „So was haben wir in der DDR nie gesehen, dass sich wer entschuldigt.“

Seine Antworten ähneln denen so vieler anderer Flüchtlinge in der Riesengarage, die dieser Tage in Massen über die ČSSR in die Bundesrepublik kommen: An die Reformversprechen glauben sie nicht, Egon Krenz vertrauen sie nicht, das neue Reisegesetz halten sie für eine neue Beschränkung. Von Problemen bei Jobsuche und Wohnungsbeschaffung in der BRD haben sie alle gehört, aber alle hoffen, dass es bei ihnen doch klappt.

Jeder kennt in seinem Bekanntenkreis „noch Kumpel, die auch rübermachen werden, vielleicht wenn das neue Reisegesetz da ist“. Fast eineinhalb Millionen Menschen sollen noch übersiedeln wollen. Niemand in Meckenheim ahnt, dass schon wenig später Politbüromitglied Günter Schabowski in Berlin die Grenze für geöffnet erklären wird.

„Man kann es ihnen nicht verdenken", sagt der Holzarbeiter. „Unsere Wirtschaft ist auch in zehn Jahren noch nicht reformiert. Die Kombinate bringen nichts. Überall Frust. Alle sitzen lustlos herum. Die Bauarbeiter liegen da und rauchen. Es arbeitet doch keiner mehr richtig." Der Holztechniker war Fahrer für eine große Wäscherei. „Unsere Autos sind zwanzig Jahre alt, blankgereift und haben keine Heizung. Ich verlangte zehn Mal neue Reifen. Immer sagte der Meister, ich solle es noch eine Weile so versuchen. Aber die Armee, die Polizei, die Stasi, die Partei, die kriegen alle zwei Jahre einen neuen Wagen."

# MIT SCHLAFSACK IM PRAGER BOTSCHAFTSGARTEN

Seine 38-jährige Bekannte arbeitete in der derselben Ostberliner Wäscherei. Sie ist Mutter zweier Kinder. Eine Tochter hat ihrerseits schon ein Kind und blieb in der DDR zurück. Ihr anderes Kind hatte sich siebenjährig beim Spielen stranguliert. Die Frau war mit einem Wartburg weggefahren, der an der bundesdeutschen Botschaft in Prag sofort von einem tschechoslowakischen Abschleppwagen entfernt wurde. Sie durchlebte jene Nacht, in der sich 5.000 Menschen in der Prager Botschaft drängten, im Schlafsack auf schlammigem Gartenboden unter freiem Himmel.

Ein Bus brachte sie zum Prager Bahnhof, dann saßen sie siebzehn Stunden im ČSSR-Zug. „Die Heizung war trotz der vielen Kinder abgedreht. Die Waggontüren waren von außen abgesperrt, damit keine ČSSR-Bürger aufspringen konnten. Zwei oder drei sollen sie in unserem Waggon entdeckt und herausgeholt haben."

Gabelstapler bahnen sich hupend den Weg durch das Meckenhei-

Wieder Warteschlangen, aber diesmal im Westen: Wer vor der Zentralen Aufnahmestelle von Gießen ansteht, hat es fast schon geschafft (Foto: dpa)

mer Lager, beladen mit Kartons und Säcken voll Kleidung. Immer wieder rollen Privatautos von Meckenheimern durch die Schar der Kinder, die übers Fließwasser hüpfen. Dieses kommt aus den Zelten, in denen die Zuwanderer duschen. Sobald ein Meckenheimer seinen Kofferraum öffnet, werden Kleiderspenden und Spielsachen kritisch beäugt.

Ein Mann vom Bundesgrenzschutz läuft durchs Lager und ruft alle „Familien, die verheiratet sind, also keine Lebensgemeinschaften und nur mit Bezugspunkt!". Wer lethargisch gewartet hat, wird jetzt hektisch. Der Bus zur Verteilung in andere Städte soll früher abfahren als vorgesehen.

Ein Wäschekorb nach dem anderen wird von Anwohnern in die Sammelstelle gebracht, in der acht Mitarbeiter alle Textilien sortieren. „Das meiste bin ich gleich draußen losgeworden", lacht eine Meckenheimerin, als sie den Rest an Marianne Blomerius übergibt. Die ehrenamtliche Helferin aus Solingen ist froh, dass für die Kinder genug Sachen vorhanden sind, es fehlt aber dringend warme Oberbekleidung für Erwachsene. „Wir sammeln auch auf Vorrat, wir müssen gerüstet sein."

## ADRESSE IN DER SCHUHSOHLE

Jürgen T., 29 Jahre alt, Schlosser, der wegen des höheren Verdienstes zuletzt in einem Kuhstall in Stendal gearbeitet hat, hält einen Papierfetzen in der Hand. Die Adresse von seiner Schwägerin in Pfaffenhausen hatte er beim Grenzübertritt sicherheitshalber in der Schaumgummisohle seiner Schuhe versteckt. Er ist mit der Bahn herübergekommen, die Lebensgefährtin samt Kind mit dem Auto. Er weiß, dass seine Partnerin bereits in der BRD ist. Er hat sie in einem Fernsehbericht erkannt, als sie die ČSSR verließ. Immer öfter sieht er Phantome. Einmal bildete er sich ein, seine Tochter werde über die Mauer gehoben. Aber es war nicht sie. In Pfaffenhausen wollen sich nun endlich alle treffen.

Unsicher steht ein 24-jähriger aus Mühlbach bei Karl-Marx-Stadt (heute Chemnitz), ebenfalls Schlosser, am Lagereingang. Seinen Namen will er nicht sagen. Im Lager schwirren Gerüchte, die Staatssicherheit habe mehrere Spitzel mitgeschickt. Er wartet seit Stunden vergeblich auf einen Anruf. Er hatte einer „entfernten Freundin" in Nürnberg telegrafiert, einer Brieffreundin seiner Frau. Die Bekannte hatte schon in früheren Briefen von einer Ausreise abgeraten und von den vielen Problemen geschrieben. Auch sein achtzigjähriger Großvater mit Haus und Riesengrund hat seinen Entschluss nicht verstanden. Aber seine Frau, Textilfacharbeiterin, erwartet im Februar ein Kind. „Das Baby soll mit der DDR nichts mehr zu tun haben. Ich habe meine eigene Meinung und habe mich noch nie leiten lassen", sagt der Mann. Alle 24 Jahre seines Lebens sei er nur enttäuscht worden. In der DDR habe er nichts mehr zu erwarten.

Der ebenfalls 24-jährige Maurer Lutz Pietrzak aus Tangermünde hat sich daheim zum Neuen Forum bekannt. „Seither war ich der letzte Dreck." Dass man „überall sein Gehirn abgeben" müsse; dass SED-Ortssekretäre bei den neuen Dialogveranstaltungen zynisch fragen, warum man die Probleme nicht schon früher angesprochen habe, wo doch noch vor wenigen Wochen alle Kritiker abgeführt und zu Ordnungsstrafen verurteilt worden seien; dass Lehrerinnen den Schülern Nachteile androhen, sollten sie bei einer Demonstration erwischt werden; dass vor Großkundgebungen viele Züge in die Ballungszentren einfach ausfallen – all das macht ihn furchtbar misstrauisch.

Am Lagereingang in Meckenheim hängt eine Tafel am Zaun: „Danke dem Roten Kreuz und den Bürgern!" Hunderte haben heute schon unterschrieben.

# HIER SAGT MAN SERVUS

Flucht von Ostberlin nach Westberlin – über die Tschechoslowakei, Ungarn, Österreich und die Bundesrepublik. Viele Zehntausende wählten diesen Weg. Auch viele Jahre danach ist den Leuten jedes Detail gegenwärtig. Ihre Fluchtutensilien haben sie aufgehoben. Den Rucksack, den Smoking oder das entscheidende „Fietzerl" von der Österreichkarte.

„Hier sagt man Servus." Auf ihrer allerersten Ansichtskarte, die sie aus Wien nach Hause in die DDR geschickt hat, grüßte die damals 19-jährige Simone Veitenhansl ihre Eltern rein österreichisch. Ihr war dabei zum Heulen: „Ich bin in Wien, es war nicht leicht! Ihr habt's nicht verdient. Seid bitte so lieb und versucht, mir zu verzeihen. Bis bald."
Die Karte mit dem Servus erinnert Simone an den Herbst 1989, als Zehntausende DDR-Bürger so wie sie versucht hatten, von Ungarn aus Österreich und die Bundesrepublik zu erreichen.
Die erste Station für sie alle war das Burgenland, Österreichs östlichstes Bundesland, das kaum irgendwo erwähnt wird. Zuletzt hatte man vom Weinskandal Mitte der achtziger Jahre davon gehört. Doch Hilfsbereitschaft und Gastfreundschaft der burgenländischen Bauern, Gastwirte, Postautobusfahrer und Feuerwehrmänner sind legendär, und der längst wieder glykolfreie burgenländische Wein gehört zu den besten der Welt.

Begonnen hat es Anfang Mai 1989 mit dem Abbau der veralteten Grenzanlagen in Ungarn; dann ging das Foto der Außenminister Alois Mock (Österreich) und Gyula Horn (Ungarn) um die Welt, wie sie am 27. Juni den Stacheldraht symbolisch durchtrennten, gefolgt vom Paneuropäischen Picknick bei Sopron am 19. August 1989, als mehr als 600 Ostdeutsche die dreistündige Grenzöffnung zur Flucht nutzten. Ende August warteten 150.000 DDR-Bürger in Ungarn auf die Weiterreise. Ab 11. September hinderten die Ungarn die DDR-Bürger nicht mehr am Grenzübertritt nach Österreich. Gleich in den ersten drei Tagen nach der Öffnung machten 18.000 Flüchtlinge über die grüne Grenze ins Burgenland davon Gebrauch.

## SMOKING FÜRS BEWERBUNGSGESPRÄCH

Ulf Müller war mit einem schwarzen Sakko dabei. „Ein ganz altes, ich glaub aus den vierziger Jahren. Das war das schönste, das ich auftreiben konnte."

Damit wollte der damals 25-Jährige nach der Flucht einen Job im Westen suchen und sich zum Bewerbungsgespräch vorstellen. Dass sich ein Smoking dafür nicht eignet, das wusste er damals noch nicht, erzählt er. Aber der Smoking im Gepäck machte an der Grenze wenigstens seine Geschichte von einer Hochzeit glaubwürdiger, auf die eingeladen zu sein er vorgab.

Anfang Oktober war es, ein paar Wochen vor dem Fall der Mauer. Auf keinen Fall durfte seine Familie von den Plänen erfahren. „Viele in meiner Verwandtschaft haben nämlich bei der Stasi gearbeitet." Als er daheim anrief, wollte ihn die Familie zur Rückkehr überreden. Die Stasi-Beschäftigten fürchteten nämlich, durch sein „Rübermachen" selbst Probleme zu kriegen.

Berlin–Budapest–Wien–Essen–Bochum–Berlin: Sein Weg von Ost- nach Westberlin dauerte viele Jahre. Die Fahrt im abgedunkelten

Bus von der deutschen Botschaft in Budapest nach Österreich und Deutschland führte ihn ins Ruhrgebiet, wo er eine eigene Goldschmiedefirma aufbaute, sieben Angestellte, viel Erfolg, viel Stress. Er verkaufte das Unternehmen und zog nach Berlin zurück. „Aber ich bin noch immer nicht richtig in Berlin angekommen, ich fühl mich wie im Urlaub." Er machte in Westberlin eine Art Pension mit dreißig Ferienwohnungen auf.

Ganz anders erlebte Simone Veitenhansl aus Berlin ihre Flucht, vier Wochen vor dem legendären Paneuropäischen Picknick bei Sopron (Ödenburg). Am späten Abend lief das Mädchen mit seinem damaligen Freund über die Grenze. Sie hörten Warnschüsse und Hunde aus der Ferne, im Wald knackste es überall, aber sie sahen niemanden. Am Stolperdraht blieb sie hängen und blutete. Ob sie Angst gehabt habe? „Ich war so angespannt und voller Adrenalin. Und trotzdem war in mir eine Leere mit ganz vielen ,e'", erzählt sie.

Der Schock, als sie gegen 23 Uhr auf der österreichischen Seite nur ungarische Autos sahen: Waren sie in den Weinbergen irrtümlich wieder zurückgeraten? Erst das herzliche Willkommen im Gasthaus brachte Gewissheit: Geschafft! Sie schlugen sich nach Wien durch, schliefen in einem Parkhaus, zogen sich in einer öffentlichen Toilette um.

## EIN „FIETZERL" ÖSTERREICH

Dann das komische Gefühl, als sie an der deutschen Botschaft in Wien ihre Ausweise abgeben mussten und getrennt wurden; der Schrecken, als sie zu einer Vernehmung hineingebeten wurden; die Angst, etwas Falsches zu sagen und wieder zurückgeschickt zu werden.

Der Vater war erst „superstolz" auf sie, weil ausgerechnet sie, das einzige Mädchen der vier Kinder, in den Westen ging. Aber zu einer Sonderausstellung der Erinnerungsstätte Notaufnahmelager in Berlin-Marienfelde, in der Simones ganz persönliche Geschichte gezeigt wurde, da wollte er dann doch nicht kommen. Enttäuscht rätselt sie über sein Desinteresse. „Immerhin habe ich ja doch ein Mikroteilchen der deutschen Geschichte erlebt."

Wie eine Reliquie bewahrt Regina W. einen bunten Papierschnipsel auf. Ein Stückchen von einer Landkarte, das für sie persönlich große Bedeutung hat. Die Flüchtlinge hatten ja keine Ahnung, was sie nach dem Grenzübertritt Ungarn/Burgenland erwartet und wo sie sich befanden. „Eine Österreich-Landkarte hätte ich auf keinen Fall mitnehmen dürfen, damit hätte ich mich sofort verraten." Regina hatte eine Ungarnkarte bei sich und vorsorglich nur einen ganz kleinen, unverdächtigen Teil des burgenländischen Grenzteils drangelassen, um nicht den geringsten Verdacht zu erregen.

Sie nennt es ihr „Fietzerl Österreich", und dieses Stückchen Österreich, das sie in Todesangst mit sich führte, war und ist für sie das Synonym für ihr neues Leben in Freiheit.


## „DIE ROTEN ROSEN SIND ANGEKOMMEN"

1989 war auch für Stefan Schuberts Leben prägend. Bis er den überglücklichen Eltern das Codewort ausrichten lassen konnte – „Die roten Rosen sind angekommen" –, vergingen drei Tage. Seine Flucht von Ost- nach Westberlin dauerte vom 23. August 9.15 Uhr bis 25. August 19.30 Uhr.

Beruflich und persönlich war er erfolgreich. Es ging ihm hervorragend. Geboren 1955 in der Lausitz, Außenwirtschaft studiert, im Export von Schwermaschinen gearbeitet, später als Drogist selbstständig gemacht. Aber er war kein Parteimitglied. Er hatte keinen Reisepass, durfte nur auf Messen nach Budapest und Prag, und seit er einmal mit der österreichischen Voest Alpine zu tun hatte, stand er unter Spionageverdacht und wurde beschattet. Er wollte da raus. Einen Ausreiseantrag wollte er nicht stellen, sondern via Ungarn zu

Freunden nach Westberlin gelangen. Die Entscheidung hatte er wiederholt hinausgezögert.

Am 23. August 1989 begab er sich gegen Geld am Flughafen Budapest in die Hand ihm völlig fremder Leute, eines Österreichers und einer Westberlinerin. Die erste Idee war: Menschenschmuggel im Kofferraum. Der Österreicher machte mit seinem Pkw erst eine Testfahrt. An dem extrem heißen Augusttag ging Stefan Schubert mit der Westberliner Begleitung in ein Lokal nahe Sopron. Dort warteten sie auf die Rückkehr des Pkw und versuchten, etwas zu essen. Aber er fühlte sich überhaupt nicht wohl. Es irritierte ihn, wenn Leute Fotos machten. Dann der erste Schreckmoment: Der Kofferraum des Österreichers war doch kontrolliert worden. Also keine Kofferraumflucht. Stefan Schubert war sich aber seiner Sache ganz sicher: „Ich hatte die Nase so voll, ich wollte auf keinen Fall zurück." Er musste also zu Fuß flüchten. Das Auto mit österreichischem Kennzeichen brachte ihn Richtung Neusiedler See nahe Lutzmannsburg (ungarisch: Locsmánd), eine Marktgemeinde im burgenländischen Bezirk Oberpullendorf. An der Stelle mit dem geringsten Abstand von Straße und Grenze sollte er aus dem fahrenden Auto springen – mit nichts am Körper außer Kleidung. Alle persönlichen Gegenstände hatte er zurückgelassen. Auch seine Begleiterin – ihr Schleuser-Honorar betrug 15.000 D-Mark – hatte nichts bei sich als einen Kompass.


## IM URWALD OHNE ORIENTIERUNG

„Es war stockdunkel, in dem Urwald hatten wir keine Orientierung. Auch meiner Begleiterin war die Gegend unbekannt." Aber die Angst, ertappt zu werden, trieb sie weiter.

In der Nähe befand sich eine Kaserne noch auf ungarischem Boden. Permanent kamen Patrouillen. Er und die Berlinerin mussten robben, schliefen unterwegs an einem Bach vor Erschöpfung ein. Um sechs Uhr früh wachten sie auf. Soldaten patrouillierten immer wieder ganz nah vorbei. Sie hörten sie sogar reden. Sie blieben am Boden. Die Grenzstraße, die sie überqueren mussten, war zu gut einzusehen. Im Maisfeld mit 1,50 Metern Höhe, „da raschelte es wie Metall". Sie hörten einen Patrouillenwagen, eine Mannschaft von Grenzsoldaten, Hunde. Kein Zweifel: Sie wurden schon gesucht – aber nicht gefunden. „Vielleicht war es Absicht, dass sie uns übersehen haben, vielleicht war es Glück."

Sie hatten nichts zu trinken und nichts zu essen. „Wir waren katastrophal vorbereitet." Sie blieben im Maisfeld. Die Hitze machte den Tag unerträglich. Sie hatten die Grenztürme vor Augen, hörten ständig Geräusche auf- und abfahrender Fahrzeuge, die sich nicht lokalisieren ließen. Sie sahen aber keine einzige Person. Dass die Grenztürme nicht mehr besetzt waren, wussten die beiden nicht. Erst am frühen Abend erreichten sie völlig ermattet den Grenzpunkt, indem sie völlig verrosteten Stacheldraht niedertraten.

Der erste Mensch im Westen war ein Burgenländer, der mit dem Traktor sein Feld pflügte. „Wir haben ihm gewinkt, er gab uns einen Schluck Wasser und brachte uns ins Gasthaus Pacher. Dort brachen wir sofort zusammen und schliefen eine Nacht." Am nächsten Morgen ging's nach Wien und über Frankfurt nach Westberlin.

Ein Jahrzehnt arbeitete er in Düsseldorf im Management eines Konzerns, heute ist er selbstständig. Nicht als Drogist, sondern als Cafetier auf dem schmucken Marktplatz von Linz am Rhein, südlich von Bonn. „Ich hatte die Konzernarbeit, die Zahlendreherei und die Reiserei satt. So ein Café war mein Kindheitstraum."

Die Westberlinerin, die (nicht nur) ihn damals nach Österreich geschleust hatte, weilt vorerst in der Karibik.

Stefan Schubert hat Einsicht in seine Stasi-Akte beantragt. „Ein halbes Jahr hab ich die Unterlagen hier liegen gehabt, bevor ich hineingeschaut habe. Ich hab's erst jetzt geöffnet. Das kostet viel Kraft. Es macht alles gegenwärtig."

# DIPLOMATISCHE
# UND ANDERE KANÄLE

Die einen öffneten den Gullydeckel, andere den Kofferraumdeckel. Die einen tauchten durch die Kloake von Ostberlin in die Freiheit, die anderen wechselten die Grenze in einer Botschafterlimousine. Jeder Jahrestag des Mauerfalls lässt die Emotionen von „Republikflüchtlingen" und Fluchthelfern noch einmal hochkommen.

„Unser persönlicher Jahrestag ist nicht der 9. November, sondern der 16. September", erzählt Klaus-Dieter Richter. An diesem Tag im Jahr 1976 schafften sie die Flucht. Er, seine Frau Gabriele, seine Mutter Carmen und sein Vater Hans-Jürgen. Alle vier gleichsam als diplomatisches Lebendgepäck in einem Mercedes 450 SEL.

Es gab unzählige Versuche, die deutsch-deutsche Grenze zu überwinden. Der feinste war der Transfer im Diplomatenwagen, der unfeinste die Flucht durch das Kanalsystem. Beide Wege sind wenig bekannt. Riskant und lebensgefährlich waren sie alle.

Im Fall der Richters war es Adriano T., ein Portugiese, der für die DDR-Botschaft von Zaire arbeitete. Er fuhr die Limousine des Gesandten mit dem Kennzeichen CD 53-02 in weißer Schrift auf rotem Nummernschild. Übersetzt: Zweiter Mann der Botschaft von Zaire (heute Kongo), das als 53. Staat die DDR diplomatisch anerkannt hatte. So einen durften die DDR-Grenzer nicht kontrollieren. Sie durften nur die Diplomatenpässe der Insassen checken. Die Insassen ohne Diplomatenpässe sahen sie nicht, die waren versteckt. Hinten im Kofferraum oder vorne im Fußraum des Wagens, zugedeckt mit Zeitungen, Decken und Einkaufstüten.

Der Transfer von der einen Seite auf die andere, vom Ostblock nach Westberlin, dauerte nur ein paar Minuten. Die Vorbereitungen dauerten eine Ewigkeit und kosteten viel Geld.

Richter senior hatte in den 15 Jahren seit dem Mauerbau schon unzählige Fluchtversuche hinter sich. Einmal im Ford Capri eines westdeutschen Verwandten an der ungarisch-österreichischen Grenze. Einmal im selbstgepanzerten Ford Eifel (Baujahr 1936) am Berliner Grenzübergang Bornholmer Straße. Einmal – als Idee – mit einem Propeller-Fluggerät am Rücken, das ihn über den Mauerstreifen hätte tragen sollen; einmal mit einem selbstgebauten Ballon; einmal in einem Sägespänetransport vergraben. Nie hat es geklappt, einmal wurde er sogar verhaftet.

Richter junior wollte als Schiffskoch anheuern, um einmal abspringen und die anderen nachholen zu können. Weil er Verwandte im Westen hatte, bekam er genau diese Stelle nicht.

## DIE WUT WUCHS

Seine Wut über die gestohlene Freiheit ließ Richter senior keine Ruhe. „Die Freiheit war für mich immer das höchste Gut", sagt er rückblickend. „Ums Geld ging es nicht, materiell hatten wir ja keine Probleme." Er verdiente sehr gut als Leiter der Abteilung „Fleisch" in der Markthalle am Alexanderplatz, wo er ein Kollektiv von 70 Mitarbeitern zu führen hatte – und keine Gelegenheit ausließ, durch Manipulationen an Geld zu kommen, auch an Devisen.

Ähnlich sein Stiefsohn Klaus-Dieter, der in den Imbissständen der Markthalle so gut verdiente, dass er sich mit 18 von selbst verdientem Geld einen Trabi kaufen konnte – völlig ungewöhnlich in der DDR.

Die Flucht als Diplomatengepäck war schließlich die rettende Idee.

Aber wie unauffällig an einen Diplomaten herankommen? Einen, dem man vertrauen kann, und einen, der auch umgekehrt vertraut, dass man nicht einer von der Stasi ist?

Das befreundete Zahnarztehepaar Renate und Dietrich W. aus der Poliklinik lud zu einer Party nach Hause in Kleinmachnow. Keiner der Gäste wusste, dass es die Abschiedsparty der Gastgeber war. Ein paar Stunden nach der Einladung war das Ehepaar im Westen. Im zairischen CD-Auto. Da das Ehepaar wusste, die Richters wollten auch unbedingt „rübermachen", machten sie sie mit Adriano bekannt.

Als Freunde des verschwundenen Ehepaars W. mussten die Richters aufpassen. Sie wurden beschattet und abgehört. Sie entdeckten Teleobjektive, die auf sie gerichtet waren. Die Stasi-Akten von Richter senior füllen sieben Ordner, die von Richter junior zwei. Um die Stasi abzulenken, verabredete sich Richter am Telefon weiterhin für die folgenden Tage. Er versuchte auch nicht, Antiquitäten oder Hausrat zu verkaufen. Viele Fluchtwillige hatten sich damit früh verraten. Er packte auch nichts zusammen zum Mitnehmen. Auch das wäre aufgefallen. „Alles Materielle kann man nachkaufen. Nur die Freiheit nicht."

Die Angst vor einer Verhaftung machte sie extrem vorsichtig. Da Verhaftungen immer erst ab sechs Uhr früh erfolgten, verließen sie am Tag der vereinbarten Flucht schon um fünf Uhr das Haus. Alle ärgerten sich, dass Mutter Carmen reflexartig noch das Frühstücksgeschirr abwusch. Für wen? Um allfällige Verfolger loszuwerden, fuhren sie getrennt mit dem Auto los, stiegen in eine Straßenbahn um, dann in eine S-Bahn und gingen später zu Fuß weiter.

## VIERMAL FLUCHTHILFE: 120.000 DM, STEUERFREI

An verabredeter Stelle an der Schönhauser Allee fuhr der zairische Mercedes 450 SEL vor, dann ging es direkt in die Botschaftsgarage, vorbei an den DDR-Wachposten. Zweimal fuhr Adriano hinü-ber: Um 7.00 Uhr mit dem älteren, um 7.30 Uhr mit dem jüngeren Paar. Im Kofferraum hörte Klaus-Dieter Richter den Grenzer sagen: „Kann passieren." Kurz nach dem Übergang Bornholmer Straße stoppte Adriano im tiefsten Wedding. Das Haus Sommerstraße 9 hatte eine Autoeinfahrt, in der die Richters unbeobachtet ausstei-gen konnten. „Erst als der Kofferraumdeckel aufging und ich ein Westberliner Kennzeichen neben uns sah, wusste ich, es hat ge-klappt", sagt Richter junior. Der Senior legte Adriano das Honorar für die vierfache Fluchthilfe auf den Beifahrersitz, einen Sack mit 120.000 D-Mark.

Als alle vier zusammen waren, lagen sie sich lange in den Armen. „Dann sind wir eine halbe Stunde nur um den Block rumgegangen, keiner von uns hat was geredet. Wir fanden einfach keine Worte." Für den Bus Richtung Ku'damm hatten sie kein Westgeld, sie zeig-ten ihre DDR-Ausweise. Gerade geflüchtet! Eine ganze Familie! Der Fahrer sagte: „Ich fahr euch hin, wo ihr wollt!"

## SPIONE IM AUFNAHMELAGER

Das erste Gespräch im Westen werden die Richters nicht vergessen: „Endlich waren wir im Aufnahmelager Berlin-Marienfelde, und da hat uns der Westberliner Staatsschutz gleich gewarnt, wir sollten auf-passen, was wir reden." Das Aufnahmelager war von Stasi-Leuten unterwandert, die alles in die DDR berichteten.

Aus Angst vor Kidnapping und Verschleppung in die DDR tauchten sie zunächst ins Saarland ab. Dort verwirklichten sie ihren Traum und öffneten das Restaurant Alt-Brandenburg. Zurück in Berlin, er-öffneten sie 1979 das Spandauer Bistro „Bonaparte" und 1989 neben der Zitadelle im ältesten Teil Spandaus das Restaurant „Kolk". Den

„Befähigungsnachweis zur Leitung einer sozialistischen Gaststätte" hatte er. „Wenn ich geahnt hätte, dass die Mauer aufgeht, wäre ich nach Ostberlin gegangen und hätte dort sofort ein Lokal aufgemacht." Richter junior ist nun schon viele Jahre Vizepräsident des DEHOGA Berlin, des Deutschen Hotel- und Gaststättenverbands, und Vorsitzender der Fachgruppe Gastronomie.

Was die beiden heute stört? „Dass die Leute, die damals schon oben waren, jetzt wieder und immer noch oben sind. Dass das Zusammenwachsen der beiden deutschen Hälften länger dauert als erhofft. Dass es immer noch die ewig Gestrigen gibt. Dass man noch immer kein gemeinsames deutsches Nationalbewusstsein entwickelt hat." Der Senior ärgert sich über die geklauten Jahre. „Die fehlen mir, das waren goldene Zeiten im Westen." Der Junior dagegen will seine zwanzig Jahre Erfahrung in der DDR nicht missen. Er habe dort vieles gelernt, was ihm im jugendlichen Alter das Integrieren ins westliche System erleichtert habe.

Adriano hat insgesamt an die dreißig Leute rausgeholt, nach den Richters allerdings niemanden mehr. Auch Diplomaten aus anderen Ländern halfen mit ihren Privilegien, teils aus Menschlichkeit, teils aus Geschäftemacherei. Manche Diplomaten und Botschaftsmitarbeiter halfen auch mit gefälschten Papieren und Pässen.

Andere Flüchtlinge brauchten keine echten und gefälschten Pässe, sie hätten nach dem Seiten- und Systemwechsel nur noch einen aufgeweichten, nach Kloake stinkenden Papierfetzen gehabt.

„Made in GDR" steht noch heute auf rund 25.000 Berliner Gullydeckeln. In den Deckeln, die ewig halten, wird die DDR noch Generationen weiterleben. Kein Tourist, kaum ein Berliner ahnt, welche Tragödien sich unter einigen Kanaldeckeln abgespielt haben.

Die darunterliegenden Abwasserkanäle benutzten DDR-Bürger einst zur Flucht in den Westen. Wie viele Menschen einen dieser 93 Wege nahmen, ist unbekannt.

# STASI-LEUTE ALS KANALEXPERTEN

Schon vor dem Mauerbau wurden in einige Abwasserkanäle Sperrgitter eingebaut, die das Einsickern von Spionen von West nach Ost verhindern sollten. Nach dem Mauerbau war es umgekehrt, da sollten Fluchtversuche von Ost nach West vereitelt werden. Deshalb hatte sogar das Ministerium für Staatssicherheit (MfS) die Oberaufsicht über die unterirdischen Abwasserkanäle übernommen.

Trotz der Gitter war die Kanalisation ein wichtiger Fluchtweg. Bis Mitte 1962 gelangten viele Menschen durch einige begehbare Kanäle nach Westberlin, dann war die Berliner Unterwelt hermetisch abgeriegelt – mit einer neuen Art von Gittern. Die Stahlstäbe befanden sich in drehbar gelagerten Rohren, so ließen sie sich nicht mehr durchsägen. Selbst Kanäle unter 500 Millimeter Durchmesser wurden damit ausgestattet. Auch die Einstiege wurden gesichert, Zwischendeckel angebracht, die Deckel teilweise verschlossen und elektrische Signalgeräte unter der Schachtabdeckung oder Druckmelder eingebaut. Manche Kanäle wurden durch den Einbau kleiner Betonröhren noch enger gemacht.

Ulrich Pfeifer ist einer von denen, die vor 1962 durch die Kanalisation nach Westberlin entkamen. Der betagte Bauingenieur und freiberufliche Statiker kam damals unter der Gleimstraße durch. Die Kanalisation verläuft dort unter dem Bahngelände und dem Gleimtunnel, einer Unterführung, und biegt dann rechts ab. Annähernd 100 Menschen gelang im September und Oktober 1961 auf diesem Weg die Flucht.

Sein Entschluss zur Flucht fiel gleich am 13. August 1961. In der Nacht davor war er mit seiner Freundin im Kino. Anschließend sei er nichts ahnend mit der S-Bahn in seine Wohnung nach Ostberlin gefahren, erzählt Pfeifer. Kurz nach Mitternacht sei noch nichts zu sehen gewesen. In den Frühnachrichten habe er von der Abriegelung gehört. „Ich bin fast aus dem Bett gefallen", sagt er. „Das kann sich doch die Bevölkerung nicht bieten lassen!" Er fuhr mit seiner Freundin zum Brandenburger Tor, als gerade Stacheldraht ausgerollt wurde. „Das Volk hat sich's gefallen lassen, und wir auch."

## FDJ-SEKRETÄR ALS FLUCHTHELFER

Sie haben kurz überlegt, gleich dort zu fliehen. „Aber da hat uns so 'n bisschen der Mut gefehlt", räumt Pfeifer ein. Als die beiden Urlaub in Dresden machten, traf er im Bühlauer Bad einen Kommilitonen aus Berlin, der ihm einen Fluchthelfer vermittelte. „Witzigerweise war es ausgerechnet unser FDJ-Sekretär", erinnert sich Pfeifer.
Am 6. September sei er dann für einen anderen zur Schönhauser Allee gegangen. Dort warteten schon vier Frauen und ein Mann zwischen 25 und 27. Da höchstens sechs Flüchtlinge mitkonnten, habe er mit seiner Freundin ausgemacht, dass er mitgehe und sie später rüberkomme.
Um zwei Uhr nachts kamen sie mit Haken für die Deckel. Denn darunter sei noch ein Blechdeckel als Laubfang gewesen.
Der Kanal war ein eiförmiger Mischwasserkanal von 1,40 Metern Höhe. „Man konnte gebückt gehen", erzählt Pfeifer. „Ich bin dann als Letzter über die Eisensprossen rein und habe mich im Kanal an der Wand langgetastet, wo die Abflüsse der Wohnhäuser waren." Es sei total eklig gewesen. „Man war natürlich verdreckt und verschlammt. Aber der Wunsch war so groß, dass der alles überdeckt hat."
Sie haben dann Lichter von Taschenlampen in der Ferne gesehen. „Studenten von der TU haben den Gullydeckel im Westen angehoben und mit einem VW-Bus auf uns gewartet." Der Siebte, der sogenannte „Deckelmann", musste in Ostberlin bleiben, um den dortigen Gullydeckel wieder zu verschließen. „Der war dann Anführer der nächsten Gruppe", erzählt Pfeifer.

Hauptmotiv seiner Fluchthelfer sei gewesen, Freunde und Ostberliner Studenten rauszuholen. „Jeder, der rüberkam, hatte einen Rattenschwanz an Kumpels, die auch noch fliehen wollten."

Die Gruppe mit seiner Freundin versuchte es unter der Esplanade in Pankow. Aber die Volkspolizei nahm sie alle fest. Auch seine Freundin. „Im Dezember 1961 war der Prozess, meine Freundin kriegte sieben Jahre Zuchthaus." Sie war 22. Nach drei Jahren Haft wurde sie „intensivst bearbeitet, bis sie letztlich unterschrieben hat als IM". Als inoffizielle Mitarbeiterin der Stasi wurde sie auf prominente Ärzte in der Geschwulstklinik an der Akademie der Wissenschaften angesetzt, bei denen man fürchtete, dass sie abhauen könnten. Da sie sich „zu passiv" verhielt, ließ man sie nach eineinhalb Jahren in Ruhe.

## BURKHART VEIGEL: ACHT JAHRE LANG FLUCHTHELFER

Ulrich Pfeifer betätigte sich noch lange Zeit selber als Fluchthelfer. Wie auch Burkhart Veigel. Der Rentner schreibt gerade ein Buch über die Fluchthilfe, bevor ihm die Zeitzeugen wegsterben. „Die Motivation als Fluchthelfer war Freiheit", erläutert er seine Bereitschaft. Er habe acht Jahre nur Fluchthilfe gemacht und nebenher weiterstudiert. „Am Anfang waren die Fluchthelfer ja Helden", berichtet er. Die Amerikaner haben gar nichts gegen sie unternommen. Auch die Presse habe sich anfangs fantastisch zurückgehalten und nichts über Flucht und Fluchthelfer geschrieben. „Es war eine tolle Kooperation", schwärmt Veigel.

Die DDR machte jedoch Schwierigkeiten bei den Gesprächen mit dem Westen über die Passierscheine und verlangte vom Westberliner Senat: „Stellt eure Fluchthelfer kalt!" Als der Senat versuchte, ihn zum Aufhören zu bewegen, habe Veigel erwidert: „Ich könnt' schon aufhören, wenn ihr mir meine Flüchtlinge rüberholt", erinnert er sich amüsiert. Das haben sie natürlich nicht gekonnt. „Ab da hat's eine schlechte Presse gegeben."

„Die Hauptfluchthelfer waren selbst aus dem Osten", sagt Veigel. Hilfe für Verwandte oder Hass auf das System waren die Hauptgründe. „Die Stasi hat sich ihre Gegner selbst zusammengeprügelt"; als Beispiel nennt er Hasso Herschel, der von der Stasi drei Tage in die Mangel genommen worden sei. Vorher sei Herschel ein Überzeugter gewesen, dann habe er die DDR nur noch gehasst.

Als Fluchthelfer sei er zwei Mal fast gekidnappt worden. Beide Male sei er entkommen. „Die Rote Hilde" – Hilde Benjamin war die Justizministerin der DDR – „wollte mich zum Tode verurteilen." Aber er habe gute Nerven gehabt und war als Zehnkämpfer durchtrainiert.

## DURCHLASS NUR FÜR RATTEN

Obwohl es im Kanalsystem ohnehin keine Fluchtchancen mehr gab, wurden Mitte der sechziger Jahre dünnere Gitterrohre in die Kanäle eingebaut und sogar mit Signaldrähten versehen. Die Drähte verliefen zu den Beobachtungstürmen der Grenztruppen. Ende der Achtziger veränderte man die Zu- und Auslassöffnungen der Kanalisation und sicherte sogar Kanäle ab 300 Millimeter Durchschnitt. Nur noch Ratten konnten in den Westen.

1988/89 begann die DDR schließlich, das gesamtstädtische Kanalsystem zu entflechten. Man trennte die Abwasserentsorgung, baute Kanäle um, verlegte neue Rohrleitungen und errichtete eigene Pumpwerke im Osten, damit die Abwässer nicht in Richtung Westen flossen. Der verhasste kapitalistische Nachbar sollte kein Geld mehr für die Entsorgung bekommen.

„Der Rückbau hat in den 1990er Jahren begonnen", erinnert sich Lothar Siegert von den Wasserbetrieben. Übrig blieb nur das Gitter in der Invalidenstraße/Ecke Scharnhorststraße. Für Besichtigungen.

# MASSENEXODUS IN SCHIRNDING

Dieses Ausbluten der DDR über Schirnding, diese endlose Trabi-Schlange, die sich im Schritttempo über die ČSSR in die BRD schob, diesen Massenexodus musste ich mir unbedingt ansehen. Die letzte Nacht vor dem Mauerfall – fast hätte ich auf die historische Pressekonferenz mit Günter Schabowski verzichtet.

Am späten Nachmittag des 9. November 1989 sondierte ich im Internationalen Pressezentrum (IPZ) in Ostberlin, ob es Neuigkeiten oder Pressetermine gab. Ich hatte wenig Lust, mir um 18 Uhr wieder eine dieser todlangweiligen Pressekonferenzen anzuhören, diesmal eine mit Politbüromitglied Günter Schabowski in seiner neuen Funktion als Sprecher des ZK der SED.

Ich zögerte, weil ich völlig erschlagen und übermüdet war. In der Nacht davor hatte ich nicht einmal eine Stunde lang in einem Wald im Fichtelgebirge im Mietauto geschlafen.

Ich war von Bonn aus nicht direkt nach Berlin, sondern kurz entschlossen nach Nürnberg geflogen und mit dem Mietwagen ins bayrische Schirnding an der tschechoslowakischen Grenze gerast, Pardon, gereist, um eine Reportage über das ungestillte Ausbluten der DDR zu machen.

Eine endlose Schlange von Trabis und Wartburgs schob sich dort im Schritttempo über die ČSSR in die Bundesrepublik. Die Tschechoslowakei hatte für die DDR-Flüchtlinge ihre Grenzen am 4. November 1989 um 2.30 Uhr früh geöffnet. Die Fahrt direkt über die deutsch-deutsche Grenze war nicht erlaubt.

24 Stunden ohne Unterlass. 370 Personen pro Stunde. Fast 50.000 in dieser einen Woche allein in Schirnding. In dem Grenzort mit 2.000 Einwohnern geben die DDR-Bürger den Wendehälsen von Ostberlin die endgültige Antwort. Nun blutet hier die DDR aus. Besonders viel junges Blut verliert das Land. Tag und Nacht reicht der Stau kilometerweit in die ČSSR zurück. Kein Ende ist abzusehen.

## GESPENSTISCHE STIMMUNG

Schirnding bei Nacht. Jener Tag, an dessen Ende die Maueröffnung in Berlin erzwungen werden wird, ist erst zwei Stunden alt. Feiner Eisregen durchdringt den kaum erträglichen Gestank des Benzin- und Ölgemisches. Diese gespenstische Stimmung in der Nebelnacht! Das Tuckern Tausender Zweitakter, der Flüsterton der Flüchtlinge.

Es herrscht Hochbetrieb – und dennoch eigenartige Ruhe, Bedachtsamkeit. Die unaufgeregte Atmosphäre ist das genaue Gegenteil zum Sommer davor. Damals waren die DDR-Ausreisenden bei Blitzlichtgewitter, Sekt und Politikerreden über Ungarn und Österreich nach Bayern gekommen. Seither hat sich vieles geändert.

Zwei der Übersiedler an der Zollabfertigung fallen mir gleich auf. Der eine, Martin, weil er mit acht Monaten zu den Jüngsten gehört. In der dicken Luft der immer wieder für ein paar Meter gestarteten Autos verschläft er seine „Flucht". Sein Kinderwagen wird von der Großmutter bewacht, einer 56-jährigen Verkäuferin aus Merseburg. In den Tross der 20- bis 30-Jährigen passt auch sie nicht.

Sie wollte ihren Sohn und das Enkelkind nicht verlassen. Mit ihrem Mann klappt es ohnehin nicht mehr, also hat sie sich von einer Minute auf die andere entschlossen mitzufahren. Ihrem Mann hat sie kein Wort davon gesagt. Auch im Kombinat weiß es niemand, „obwohl alle darüber reden. Die wollen alle weg".

An der Hebebühne wartet eine Familie auf die Diagnose des ADAC-Mannes. Aber die in der ČSSR ausgefallene Heizung des Lada lässt sich nicht reparieren. Den weiteren Weg in die Kaserne von Landshut werden die Kinder dick vermummt zurücklegen müssen. Nach der Kaserne hoffen sie auf Verwandte, die wissen aber – wie bei den meisten Flüchtlingen – noch gar nichts davon.

„Wir bereuen unseren Entschluss nicht", macht sich ein 26-jähriger Schleifer selbst Mut, wo er noch keine fünf Minuten bundesdeutschen Boden unter sich hat. Er ist hier mit seiner Schwester, einer 27-jährigen Tischlerin, seinem Schwager, einem 30 Jahre alten Maurer, und deren Kindern.

Noch am Vormittag waren alle drei arbeiten, der neunjährige Kai saß noch völlig ahnungslos in der Schule. Bloß der sechsjährige Peter musste vom Kindergarten daheimbleiben. „Der hat das gerochen. Der hätte das im Kindergarten nicht für sich behalten. Dann wär's Essig gewesen mit der Reise." Peter war sofort dabei, der ältere Bruder hat geweint. Er sei „eigentlich einverstanden", wäre aber lieber bei der Oma geblieben.

Wenige Tage zuvor sind seine Eltern noch bei den „Wir bleiben hier!"-Demonstrationen mitmarschiert und haben sich – obwohl sie SED-Mitglieder sind – am Dialog in der Kirche engagiert. Aber je mehr Nachrichten aus Ostberlin nach Stüllen in Thüringen drangen, desto misstrauischer wurden sie. „Der Krenz ist doch ein Züchtling von Honecker, dem glaub ich nichts. Mit dem ändert sich nichts."

## WIR SIND GUT AUF DEM DAMM

Jobs haben sie noch nicht. „Aber wir machen uns Hoffnung. Wir sind jung, gut auf dem Damm, und pfiffig sind wir auch." Und wenn das Klima in der Bevölkerung zu ihren Ungunsten umschlüge? „Möglich. Aber wenn bei uns die Polen, die Tschechen, die Kubaner und die Fidschis (Vietnamesen) reinkommen, die mögen wir ja auch nicht. Jeder kann sich sein Urteil selber bilden."

Eine 19-Jährige mit orangerotem Bürstenhaar sucht das Auto, das sie als Autostopperin bis zur Grenze mitgenommen hat. Der Fahrer ist mit der Arbeitshose direkt aus der Spätschicht abgehauen. In irgendeiner Turnhalle wartet ihr Freund auf sie. Heute hätte sie beim Zahnarzt die Nähte aus ihrem Gaumen entfernen lassen sollen, aber das ist ihr momentan egal.

Ein Feuerwehrmann kehrt von seiner ersten Trabi-Fahrt zurück: Eine 27-jährige Mutter war allein mit ihren zwei Kindern in dem 17 Jahre alten Gefährt von Rostock durch die ganze DDR hierher gefahren und hier zusammengebrochen. Der Feuerwehrmann chauffierte sie vorsichtig ins Erstaufnahmelager Marktredwitz.

Derweilen läutet in der Einsatzleitung des Bundesgrenzschutzes in Schirnding auch in dieser Nacht oft das Telefon. Entweder will sich gerade der Sonderstab in Coburg „wichtigmachen", wie einer der zwanzig BGS-Männer spöttisch meint. Oder jemand will wissen, ob seine Schwester über diesen Grenzübergang gekommen sei, und wird an den Rotkreuz-Suchdienst verwiesen. Oder jemand bietet eine Wohnung für eine Nichtraucherfamilie für zwei Tage an. Solche Hilfsangebote landen hier an der falschen Stelle „und blockieren uns bloß die Leitung". Und Journalisten rufen an, sie wollen neueste Zahlen von Ausreisen wissen.

Zu Spitzenzeiten kommen 370 Leute pro Stunde über die Grenze, schildert Polizeihauptkommissar Uwe Lüthje. Sie kommen mit dem Auto, zu Fuß oder per Fahrrad. Die Bahnfahrer werden hier nicht mitgezählt. Zusammen sind es fast 50.000, die seit der Ausreisemöglichkeit über die ČSSR seit dem Wochenende die Republik gewechselt haben. „Dabei haben wir schon bei den ersten 5.000 gesagt: Donnerwetter!", so Lüthje.

Die Ankommenden erhalten vom Bundesgrenzschutz eine Bescheinigung für den Grenzübertritt, die Kopie einer Landkarte und die Adressen der ersten Aufnahmelager.

Böse Überraschungen warten indes auf abenteuerlustige Kurzausflügler aus der DDR. Wer die Mauer umfahren will, einfach um einmal im Westen gewesen zu sein, und dann wieder in Richtung DDR umdreht, der wird von den ČSSR-Grenzern nicht eingelassen. Es fehlt ja das Visum. Das gilt auch für Leute, die gefälligkeitshalber eine Familie hergefahren haben und selbst wieder zurückwollen. Sie müssen weiter nördlich direkt über die deutsch-deutsche Grenze zurück.

So geschah es auch dem 48-jährigen Mosterei-Inhaber Edgar Jahn aus Roßlau bei Leipzig, seiner Tochter und ihrem Mann. Sie wollten in Bayern nur ein paar Fotos von Einfamilienhäusern schießen, weil ihre geplante Most-Taverne „unbedingt im Bayernstil" gebaut werden soll. Dafür hätten sie gern Anregungen gesammelt.

Den Fotoapparat haben sie aber vergeblich mitgenommen. Sie kriegen Bayern nicht bei Tageslicht vor die Linse. Noch in dieser Nacht müssen sie zurück, und zwar über den achtzig Kilometer entfernten Grenzübergang Rudolphstein-Hirschberg. Selber „rübermachen" wollten sie ja nicht. Zu viel Arbeit haben sie schon in die Mosterei investiert. „Aber in den Leuten brodelt das Blut, das können Sie mir glauben."

Sie besitzen keinen einzigen West-Pfennig. Gegen zwei Flaschen Apfelschaumwein aus eigener Produktion dürfen sie kurz beim Onkel in Dortmund anrufen und ihn fragen, warum er vorige Woche nicht zur Silbernen Hochzeit gekommen sei.

## GRENZEN DER BELASTBARKEIT

Die Wirtin hat gerade vorher noch über die Flüchtlingsinvasion geschimpft, weil ihr Neffe in der Bamberger Bundeswehrkaserne

Die Trabi-Schlange in Schirnding ohne Anfang, ohne Ende: DDR–ČSSR–BRD
(Foto: dpa)

plötzlich ins Manöver muss, nur damit neue Massenquartiere zur
Verfügung stehen. Doch jetzt diskutiert sie mütterlich besorgt mit
ihren „exotischen" Gästen. Und der junge Schirndinger an der Gast-
haustheke, der gerade noch in sehr unfeinem Bayrisch beteuert hat,
das verkrafte die Bundesrepublik doch alles nicht mehr, gibt für die
„anderen Deutschen" einen aus.

Die Recherche in Schirnding hat mich mehr Zeit gekostet als geplant. Auf der Strecke von Schirnding nach Nürnberg stelle ich das
Mietauto im Wald des Fichtelgebirges ab, fröstle und schlafe knapp
eine Stunde. Ich erwische die erste Maschine nach Bonn, fliege weiter nach Berlin und hoffe dort auf eine ruhige Nacht.

Daraus wurde aber nichts. Es sollte ganz, ganz anders kommen. Weder die nächste noch die dritte Nacht konnte ich ein Auge zumachen.
Der Schirnding-Nacht folgten die Schabowski-Pressekonferenz und
die Nacht des Mauerfalls, danach kam die Nacht der ersten Mauerdurchbrüche. Welcher Reporter kann da ans Schlafen denken?

174

# DIE SZENE MIT DEM ARBEITSAMTSPRÄSIDENTEN

Eine kleine Episode vom Berlin-Flug: Beim Einchecken in Nürnberg stand Heinrich Franke vor mir, damals Präsident der Bundesanstalt für Arbeit in Nürnberg. Der CDU-Mann, zuvor Staatssekretär in Norbert Blüms Arbeitsministerium, war gerade zu dieser Zeit eine Schlüsselfigur. Die Unmenge an DDR-Flüchtlingen sollte im Westen mit Jobs versorgt werden. Erster Unwille über die ostdeutschen Arbeitskräfte war im Westen längst erkennbar.

Gerade mit meinen aktuellsten Schirnding-Eindrücken also genug Stoff für Fragen an Deutschlands obersten Arbeitsamtchef. Ich sprach Franke dezent an, fragte höflich, ob ich ihm als Korrespondent – ich gab ihm meine Visitenkarte – ein paar Fragen zu Aussiedler-Situation und Arbeitsmarkt stellen dürfe. In der Ausnahmesituation des Herbstes 1989 hatte ich mit solchen spontanen Begegnungen immer Erfolg.

Ich gebe zu, dass ich in dem Moment nicht so fein gewandet war wie Heinrich Franke. Mit Lederjacke und Stoppelbart sah ich so aus, wie man halt aussieht, wenn man nach nächtlicher Vor-Ort-Recherche nur kurz in einem Wald im Auto geschlafen hat.

Frankes Reaktion war an Arroganz nicht zu übertreffen. Er sah von ganz weit oben aus seinem Nadelstreif heraus und verwies mich kurz angebunden an die Pressestelle. Er war ein einziges Naserümpfen. Er hätte durchaus Zeit genug gehabt, mir ein paar Sätze über die jüngste Entwicklung und seine Sorgen und Pläne zu sagen. Vielleicht aber hatte er noch gar keine Pläne und musste sich hinter seiner Pressestelle verschanzen.

An Bord der Maschine nahm er schräg hinter mir Platz. Da beschwerte sich ein Flugpassagier mit der Bordkarte in der Hand bei der Stewardess über seinen besetzten Platz. Franke hatte sich in der Reihe geirrt. Er musste aufstehen und eine Sitzreihe vorrücken – auf meinen Nachbarsitz. Der feine Herr Präsident musste mich bitten, ihn reinzulassen. Seine falsche Platzwahl war ihm sichtlich peinlich. Bis zum Ausstieg kein Wort- und kein Blickkontakt – und nichts über die Belastung des Arbeitsmarkts.

## PRAG WOLLTE DIE GRENZE SCHLIESSEN

Schirnding hat ein Grenzmuseum eingerichtet. „Im November 1989 wurde in Schirnding ein Stück Geschichte geschrieben", sagte Museumsleiter Wolfgang Brauner zur Ausstellungseröffnung zwanzig Jahre nach dem Massenexodus.

Die endlosen 24-Stunden-Staus waren auch für die ČSSR eine Belastungsprobe. Die Regierung in Prag hatte Angst vor den eigenen Oppositionellen und übermittelte der DDR-Führung ihre Bitte, die Ausreise ihrer Bürger in die Bundesrepublik „direkt und nicht über das Territorium der ČSSR" abzuwickeln. Parteichef Milos Jakes wurde gegenüber SED-Generalsekretär Egon Krenz sogar sehr deutlich und machte ihm klar, dass die tschechoslowakische Regierung nicht länger bereit sei, über ihr Territorium die DDR-Bürger einfach nach Bayern ausreisen zu lassen. Er drohte Krenz an, die ČSSR werde ihre Grenze zur DDR schließen.

Am Abend des 9. November hat die DDR-Führung die Bitte aus Prag erfüllt. Ohne es zu wissen, ohne es zu wollen.

# PRESSEKONFERENZ

# DER ZETTEL
# DES GÜNTER SCHABOWSKI

Die Pressekonferenz beginnt langweilig und endet mit einer Sensation – nur merkt die Tragweite kaum jemand sofort. Auch nicht Politbüromitglied Günter Schabowski, als er im IPZ mit unsicheren Formulierungen die Grenzen für offen erklärt. Sieben Minuten am 9. November 1989, die Deutschland und die Welt verändern.

Die Nacht auf den 9. November war kurz, der Tag lang, er hat in Schirnding an der tschechoslowakisch-bayrischen Grenze begonnen, wo die endlose Kolonne von Trabis und Wartburgs Zehntausende DDR-Bürger in die Bundesrepublik brachte. Zurück in Berlin, bin ich nicht wirklich überzeugt, jetzt auch noch eine Pressekonferenz über mich ergehen lassen und den Bericht der jüngsten Sitzung des SED-Zentralkomitees anhören zu müssen.

Kurz vor 18 Uhr will ich daher das IPZ, das Internationale Pressezentrum der DDR in der Mohrenstraße, verlassen. Mit ein paar Kollegen habe ich bereits gesprochen, ein paar Termine habe ich erfahren, ein paar Gerüchte gehört. Der Saal der Pressekonferenz im ersten Stockwerk ist rappelvoll mit Kameraleuten, Fotografen und Redakteuren, kein Stuhl zum Sitzen, kein Platz zum Schreiben, keine Luft zum Atmen. Sollte ich hier etwas Wichtiges verpassen, brächten sie es dann ohnehin in der „Aktuellen Kamera" (DDR) um 19.30 Uhr oder in der „Tagesschau" der ARD um 20 Uhr. Die Abendausgabe meiner Zeitung in Wien ist sowieso längst angedruckt.

Übermüdet und noch unschlüssig auf der Treppe zwischen erstem Stock und Erdgeschoss verharrend, muss ich plötzlich Platz machen. Günter Schabowski und seine Entourage kommen mir flott die Stufen entgegen und reißen mich förmlich mit. Okay, wenn ich schon mal da bin … wer weiß, was ich verpassen könnte … Ich kehre um, folge Schabowski, eile zurück in den vollen Saal, platziere mich links vom Saaleingang und lehne mich an die Wand. Einen besseren Platz hätte es ohnehin nicht mehr gegeben. Und: Von dort hätte ich sofort verschwinden können, wäre es allzu langweilig geworden.

Dass es nicht langweilig werden würde, kann ich nicht ahnen. Als Günter Schabowski gegen Ende seiner Pressekonferenz Geschichte macht, bin ich erstaunlicherweise der einzige österreichische Journalist im Saal.

## ALL-INCLUSIVE-BETREUUNG IM IPZ

Das IPZ ist das Medienzentrum in der Mohrenstraße, in dem die Journalisten rundum betreut werden – weit mehr betreut, als ihnen lieb ist. Sie können Briefmarken kaufen und Post aufgeben, Mittag essen, Telefongespräche vermitteln lassen oder Interview- und Reiseanträge stellen. Vor allem werden sie nicht aus den Augen und aus den Ohren gelassen. Was sie im Restaurant im ersten Stock sprechen, wird lückenlos abgehört. Ob die Stasi das Bild dazu von Kameras bekam, die in den weißen Kugellautsprechern oberhalb der Restauranttische versteckt gewesen sein könnten, lässt sich auch später nicht mehr verifizieren.

Alle Gespräche der Journalisten gehen – man könnte es „Gesprächsfaden" nennen – in den Keller des IPZ. Dort befindet sich ein modern ausgestatteter Abhörraum. Was da an Erkenntnissen zusammen-kommt, wird aber nicht hier ausgewertet, sondern weitergeleitet. Ein weiterer spezieller „Gesprächsfaden" führt aus dem Abhörkel-ler des IPZ hinaus. Das Kabel durchquert von der Rückseite des IPZ-Gebäudes die Kronenstraße unter der Fahrbahnoberfläche und führt in einen Plattenbau in der Leipziger Straße, der seinen Eingang in der Kronenstraße hat, der Rückseite des IPZ zugewandt. Dort erst werden die Gespräche ausgewertet, sodass unverzüglich operative Maßnahmen ergriffen werden können, etwa die Beschattung eines Journalisten und seines Informanten, kaum dass sie sich einen Treff-punkt ausgemacht haben.

## SOGAR DDR-REDAKTEURE FRAGEN JETZT KRITISCH

Schon am Eingang des IPZ gibt es eine doppelte Kontrolle. Jeder, der sich dem IPZ nähert, ist schon im Blickfeld eines OibE, eines Offi-ziers im besonderen Einsatz, noch bevor er die zweite, die eigent-liche, Pförtnerloge des Pressezentrums passiert. Dass die Tage der Geheimdienstler auch im IPZ bald gezählt sind und der „Gesprächs-faden" bald reißt, wissen die OibE an dem Abend noch nicht. Was sie sich nach der Pressekonferenz Schabowskis zusammenreimen, wir wissen es nicht.

Schabowski fängt genau so an wie befürchtet. Im ZK gebe es großes Bedürfnis der Redner, sich zur Erneuerung der Parteipolitik und den Gründen hierfür zu äußern; deren Ton sei kritisch und selbstkritisch; sie versuchten, die eigene Verantwortung der Mitglieder des ZK und des Politbüros zu ergründen. Das ZK habe damit ein bedeutendes Zeichen gesetzt für seinen Anspruch auf die Führungsautorität der Partei. Das und Ähnliches und noch viel mehr sagt Schabowski. Was

Die wichtigste Pressekonferenz der deutschen Geschichte – Günter Schabowski
kramt am 9. November 1989 in seinen Unterlagen (Foto: dpa)

soll man denn darüber schreiben!? Soll ich damit meine österreichischen Leser belästigen?

Doch mit ungewohnt kritischen Fragen fallen diesmal sogar
DDR-Redakteure auf – zum allerersten Mal. Was denn er selbst gegen den Personenkult getan habe, wird Schabowski gefragt, nachdem
Erich Honecker in einer einzigen Ausgabe des „Neuen Deutschland"
nicht weniger als 43 Mal abgebildet war. Auf die Bildveröffentlichun-
gen, antwortet Schabowski, habe er nicht den geringsten Einfluss.

Nach seiner eigenen Vergangenheit gefragt, lässt er aufhorchen: „Ich
gebe uneingeschränkt zu, dass ich als Chefredakteur des ND sowohl
Subjekt als auch Objekt der Politik war, die wir heute beklagen." Er

sei sich der Belastung durch diese Phase der Arbeit bewusst. „Und heute sind wir alle klüger als damals."

## DER MOMENT DES RICCARDO EHRMAN

Es ist Riccardo Ehrman, Korrespondent der italienischen Nachrichtenagentur ANSA, vorne am Rand des Podiums hockend, der das Thema Reisegesetz ins Spiel bringt. Erst um 18.53 Uhr kommt er mit seiner Frage an die Reihe: „Sie haben von Fehlern gesprochen. Glauben Sie nicht, dass es war ein großer Fehler, diesen Reisegesetzentwurf, das Sie haben jetzt vorgestellt vor wenigen Tagen?"
Da nestelt Schabowski aus seiner Jackentasche einen Zettel heraus. Fast nebenbei. Einen Entwurf für eine Pressemitteilung über den Beschluss des Ministerrates zur Überarbeitung des Reisegesetzes.
Auch wenn er später immer wieder beteuern wird, Bescheid gewusst zu haben, auch in einem ausführlichen Interview mit mir: Schabowski ist sich in seiner Pressekonferenz über die Brisanz keinesfalls im Klaren. Er hat sichtlich keine Ahnung, welchen Sprengstoff er auf dem Zettel stehen hat. Unbeabsichtigt und umständlich erklärt er die Mauer praktisch für geöffnet.

## … ALSO DAS VERLASSEN DER REPUBLIK …

Er stottert verunsichert rum, bringt keinen vollständigen Satz heraus. Schon wie er kompliziert anfängt: „Aus dem Entwurf des neuen Reisegesetzes wird der Passus herausgenommen und in Kraft treten, also die ständige, wie man so sagt, die ständige Ausreiseregelung, also das Verlassen der Republik …" und so weiter und so fort.

„Allerdings ist heute, soviel ich weiß, eine Entscheidung getroffen worden, und deshalb haben wir uns dazu entschlossen, heute eine Regelung zu treffen, die es jedem Bürger der DDR möglich macht, über Grenzübergangspunkte der DDR auszureisen."

Der überfüllte Saal ist elektrisch geladen. Als Schabowski die verblüffte Reaktion bemerkt, fügt er nach kurzer Pause der Ratlosigkeit hinzu: „Also ich weiß nicht, mir ist mitgeteilt worden, dass eine solche Mitteilung heute schon verbreitet wurde. Sie müsste eigentlich schon in Ihrem Besitz sein."

Kein einziger Journalist hat vorher das Papier gesehen.

Er spricht weiter mit vielen „Ähs" und sagt: „Ich drücke mich nur so vorsichtig aus, weil ich in dieser Frage nicht ständig auf dem Laufenden bin, sondern kurz bevor ich rübergegangen bin, die Information in die Hand gedrückt bekommen habe."

Es ist ein paar Minuten vor Ende der Pressekonferenz. Ohne Ehrmans Reisegesetz-Frage hätte Schabowski vielleicht gar nicht mehr an den Zettel gedacht, den er von Krenz zugesteckt bekommen hatte.

## DIE NACHFRAGEN DES PETER BRINKMANN

Die konkrete Nachfrage jedoch – „Ab wann tritt das in Kraft? Ab sofort?" – kommt nicht von Riccardo Ehrman, sondern vom damaligen „Bild"-Korrespondenten Peter Brinkmann aus der ersten Reihe. Ohne diese Brinkmann-Nachfrage wäre Schabowski nicht die entscheidende Antwort entwichen: „Das tritt nach meiner Kenntnis – ist das sofort, unverzüglich."

Die weitere Nachfrage Brinkmanns – „Gilt das auch für Berlin West?" – führt zum Verlesen des Passus: „Die ständige Ausreise kann über alle Grenzübergangsstellen der DDR zur BRD beziehungsweise zu Berlin West erfolgen."

Gleich darauf beendet Schabowski die Pressekonferenz, die seiner

Kontrolle entglitten ist. Die Konsequenzen seiner Ausführungen sind ihm selbst nicht voll bewusst. Sonst wäre er nicht anschließend nach Wandlitz heimgefahren.

## WIEN BITTET DRINGEND UM RÜCKRUF!

Ich bin sicher, dass nicht nur Schabowski selbst, sondern auch die meisten Kollegen der in- und ausländischen Presse nicht sofort kapiert haben, was da jetzt genau passiert ist. Sie wissen mit der Ankündigung nicht sofort etwas in voller Tragweite anzufangen. In der „heute"-Sendung des ZDF und in der „Aktuellen Kamera" wird noch unspektakulär berichtet, dass künftig auch Privatreisen ins Ausland mit Antrag, aber ohne Angabe von Gründen, möglich seien. Erst die Tagesschau um 20 Uhr hilft mit der Spitzenmeldung „DDR öffnet Grenze" kräftig nach.

Als Hintenstehender bin ich als einer der Ersten aus dem Saal draußen und renne ins Erdgeschoss zu den Telefonschaltern. Wie lange die Telefonistinnen und ich versuchen, nach Wien durchzukommen, es ist eine halbe Ewigkeit. Keine Chance mit den hoffnungslos überlasteten Nachkriegsleitungen. Es kommt keine Verbindung nach Wien zustande. Das zerrt an den Nerven.

Später bekomme ich eine Nachricht ausgehändigt, die ich als besonders witzig empfinden muss: „Die Redaktion in Wien bittet dringend um Rückruf!"

## BOUZOUKI-BACKGROUND
## ZU DDR-BERICHTEN

Telefonieren war immer katastrophal. Die Verbindung zu meiner Familie in Bonn klappte oft erst um zwei Uhr nachts. Mit meinen Zeitungsmanuskripten musste ich häufig über den Checkpoint Charlie rüber in den Westen. Zur Grenzübergangsstelle (GÜST) hatte ich ja nur zehn Minuten zu gehen. Trotz der peniblen Grenzkontrollen war das der schnellste Weg der Kommunikation.

Das „Athena II" war das erste Lokal in der Friedrichstraße nach dem Checkpoint, dem chaotischen Café „Adler" und der Panzerkehre. Im „Athena II" befindet sich heute ein Mexikaner, im Café „Adler" ein Café „Einstein" und in der Panzerkehre ein Fast-Food-Restaurant. Die griechischen Kellnerinnen kannten meine Telefonprobleme von drüben. Im Athena II durfte ich jederzeit das Telefon zum Textdurchgeben benutzen – und bekam auch noch einen Ouzo dazu. Sobald die Redaktionssekretärin im Aufnahmezimmer in Wien griechische Bouzouki-Hintergrundmusik aus dem Telefonhörer vernahm, wusste sie sofort: Jetzt kommt ein Bericht unseres Korrespondenten aus der DDR.

An der GÜST Friedrichstraße Ecke Zimmerstraße – so hieß die Anlage auf der ostdeutschen Seite – war da von Mauerfall noch nichts zu merken, während sich in der Bornholmer Straße bereits die Massen zu formieren begannen. Dort erzwangen sie die erste Grenzöffnung.

## POLITBÜRO KONTRA REGIERUNG – WIE IM ALTEN STIL

Zu der Zeit ärgert sich der damalige DDR-Regierungssprecher Wolfgang Meyer massiv. Das Amt hat er erst zwei Tage davor angetreten. Kaum war Meyer Regierungssprecher, kam ihm durch den Rücktritt des Ministerrates die Regierung abhanden. Die Mitteilung an die Presse über die Abdankung der Regierung Willi Stoph war seine erste Amtshandlung. Er war also vorübergehend Regierungssprecher ohne Regierung, bis Hans Modrow vier Tage später Vorsitzender des Ministerrats wurde, freilich auch nur für vier Monate.

Meyer ärgert sich, weil er den offiziellen Text des Reisegesetzentwurfes schon am Nachmittag erhalten hat und den Text genau kennt. „Ich hatte den Text doch vor mir liegen, und da stand drauf: Sperrfrist 10. November 1989, vier Uhr früh. Das war ganz klar." In dieser Morgenstunde beginnt nämlich der DDR-Rundfunk zu senden, ab da sollte die Meldung erst laufen.

Als Schabowski den Text in der Live-Übertragung des DDR-Fernsehens vorzeitig verkündet, weil er den Sperrfristvermerk übersieht, denkt der Regierungssprecher in seinem Büro: „Der hat nicht alle Tassen im Schrank!" Außerdem ärgert sich Meyer, weil hier wieder mal im alten Stil die Partei vorgepprescht sei, was eigentlich der Regierung zugekommen wäre. „Solche Mitteilungen waren doch Sache des Ministerrates." Dabei hatte der Ministerrat der Regierung Stoph vor dem Rücktritt einen solchen „Beschluss zur Änderung der Situation der ständigen Ausreise von DDR-Bürgern nach der BRD über die ČSSR" gar nicht gefasst. Wieder einmal musste eine Vorlage aus dem Politbüro als Regierungsbeschluss übernommen werden.

Immer mehr Journalisten rufen den Regierungssprecher nach der Pressekonferenz an und bitten ihn um eine Stellungnahme. Er kann ihnen nur sagen: „Tut mir leid, ich kann das nicht kommentieren." Im Rückblick erzählt er mir: „Ich war damals nicht in der Lage, den klugen Otto zu spielen."

Er fährt nach Hause. Auch dort rufen Journalisten unentwegt an. Die Ehefrau erleidet eine Herzattacke. So beginnt die Nacht des Mauerfalls für den damaligen Regierungssprecher.

Das alles erzählte mir Meyer ein paar Jahre nach der Wende, da wollte er aber seinen Namen nicht öffentlich genannt wissen, um vom sonstigen Medienrummel verschont zu bleiben. Ich hatte Zugang zu ihm, weil er mit seinem Wiener Pendant, Herbert Neumayer, dem langjährigen Chef des österreichischen Bundespressedienstes, einen freundschaftlichen Draht hatte, auch noch lang nach der Wende bis ins hohe Rentenalter. Er hatte aber keine Ambition, zu den Jubiläumsjahren in irgendeiner Zeitung zu stehen. Er war froh, dass es ihm sein Herz erlaubte, ab und zu in ein Fitnessstudio zu gehen. 2011 verstarb er.

## HAT IHRE ZEITUNG EINEN JOB ALS PFÖRTNER?

„Das ist eine Halluzination, dass ich einen Zettel in die Hand gedrückt bekommen hätte." Exakt ein Jahr nach seiner legendären Pressekonferenz im IPZ interviewte ich Günter Schabowski noch einmal für meine österreichische Zeitung, wobei er mich um 200 D-Mark Informationshonorar bat. In seinem Rückblick klang einiges anders, als wir es am 9. November 1989 in der Mohrenstraße erlebt hatten.

Egon Krenz und er seien sich einig gewesen, der Vorgriff (auf das Gesetz mit der neuen Reiseregelung) müsse das Verlassen der DDR, aber auch Privatreisen enthalten. „Ich war gerade nicht im Zentralkomitee, ich hatte mit Journalisten zu tun. Kurz vor 18 Uhr kam ich wieder in die Beratung und fragte, ob für die Pressekonferenz noch irgendetwas mitteilenswert wäre. Da gab mir Krenz die Vorlage: ‚Nimm das gleich mit, das wird ein Knüller.'"

## „DAS WAR DER ERSTE IRRTUM"

Schabowski weiter: „Zu Beginn der Pressekonferenz überflog ich das Papier und sah den Begriff ‚Privatreise' als wichtigen Punkt. Ich verlegte die Information aber an den Schluss der Pressekonferenz, weil ich ja eigentlich über die ZK-Tagung zu informieren hatte. Ich erfuhr erst später, dass dies keine Regierungsentscheidung war, sondern nur die Vorlage. Auch die Grenzer waren ja noch nicht einmal informiert gewesen."

Krenz habe ihm das Papier in der Vorstellung gegeben, dass die Sache bereits gelaufen sei, mutmaßte Schabowski. „Für mich war es sonnenklar, dass das regierungsoffiziell sei. Das war der erste Irrtum."

## „DAS WAR DER ZWEITE FEHLER"

Der zweite Fehler sei gewesen, dass die vorbereitenden Instanzen, also Innen-, Staatssicherheits-, Verteidigungsministerium etc., nach Billigung durch die Regierung die Entscheidung erst um vier Uhr am nächsten Morgen mitteilen wollten. „Ich hatte ja nur den Text der Vorlage und musste mich an die Formulierung – nämlich ‚ab sofort' – halten. In dem Augenblick empfand ich: Ich bin nicht nur der Mitteiler, ich bin auch der Inkraftsetzer."

## „UND DAS WAR DAS DRITTE MISSVERSTÄNDNIS"

Das wäre alles nicht so dramatisch gewesen, setzte Schabowski fort. „Aber jetzt kommt der dritte Irrtum: In der Großstadt sind wir nicht richtig verstanden worden. Die Menschen haben ja völlig außer Acht gelassen, dass sie bei der Polizei den Stempel hätten holen müssen. Es verbreitete sich aber wie ein Lauffeuer, wir hätten uns zur Grenzöffnung entschlossen. Das Wann und Wie stand gar nicht mehr zur Debatte." – „Aber Sie waren doch auf der Pressekonferenz sichtlich überrascht, als Sie merkten, dass die Journalisten noch nichts von der Regelung gewusst haben?", entgegnete ich. „Nein. Ich wusste ja, dass ich der Erste bin, der sie davon informiert."

„Und was war das für ein Gefühl beim Verlesen?" – „Das Verlesen hatte ich mehr auf Understatement angelegt. Ich wollte nicht den Eindruck erwecken, das sei eine große Sensation, sondern ein Schritt von mehreren, die wir ohnedies vorhatten. Wir waren ja noch in dem Glauben, die SED könnte es als gewandelte Partei schaffen. Die Rücktritte und die Wirtschaftsreformen waren die anderen Schritte."
„Und als die Mauer in der Nacht gestürmt wurde, was haben Sie da gedacht?" – „Ich habe erst durch Anrufe davon erfahren, zu Hause in Wandlitz. Ich bin nach Berlin zurückgefahren und habe mir das angesehen. Ich befürchtete: Jetzt läuft die DDR aus. Als ich durch die Stadt fuhr, sah ich aber, dass die Stimmung sehr entspannt und fröhlich war. Anfangs hielten die Leute den Grenzern noch den Personalausweis hin. Das war eine große Erleichterung für mich. Ich sagte mir: Gott verdammt, wir haben doch recht gehabt, dass wir es riskiert haben. Die DDR geht nicht kaputt, die Leute gehen rüber und kommen wieder zurück. Ich hab den Krenz angerufen: Hör mal, die Sache läuft nicht schlecht für uns."

## DEN WAHRHEITSTEST NICHT BESTANDEN

„Dass Sie kein Jahr danach Bundesdeutscher sind, hätten Sie sich damals nicht gedacht?" – „Wenn das einer gesagt hätte, den hätte ich nicht für normal gehalten. Aber das trifft auch für Leute von der Bonner Regierung zu. Es war ja alles drin: Das, was dann draus geworden ist; aber auch die Variante, die wir geglaubt haben: größerer Vertrauensgewinn und internationaler Reputationsgewinn. Ungewollt wurde dieses System dem Wahrheitstest unterzogen, und es hat diesen Test nicht bestanden."
Dem Erich Honecker bescheinigte Schabowski „Unfähigkeit, politische Entwicklungen noch zu verstehen, und eine greisenhafte Sicht der Dinge: ‚Die ganze Welt ist außer Tritt, ich bin der Einzige, der im

Gleichschritt ist.' Das ist natürlich tragisch. Er glaubt, dass er seiner Überzeugung treu ist, und ist unfähig zu begreifen, welche Rolle die Menschen in der Politik spielen. Das alles bestätigt nur, wie notwendig es war, dass wir ihn seinerzeit gestürzt haben."

Zum Ende des Gesprächs fragte ich ihn, was er jetzt beruflich mache. „Ich mache nichts beruflich. Ich habe keine Arbeit. Ich habe einen Antrag auf Vorruhestand gestellt. Ich hab ja eine fünfköpfige Familie und mir keine kriminellen Delikte zuschulden kommen lassen. Hat Ihre Zeitung einen Job für mich als Pförtner oder so? Ich muss ja sehen, wie ich meine Truppe hier durchkriege."

Ein Jahr vor dem 20-Jahr-Jubiläum seiner Pressekonferenz und kurz vor seinem 80. Geburtstag zog Schabowski mit seiner Frau Irina von der Wilhelmstraße in Berlin-Mitte, wo er für eine 100 Quadratmeter große Wohnung 1.000 Euro Miete zu zahlen hatte, in eine 80 Quadratmeter große Bleibe in der Zähringer Straße in Westberlin. „Das ist billiger und reicht uns", sagte er, als ich ihn Anfang 2009 anrief. Er erzählte, dass er sich auch im Jubiläumsjahr aus gesundheitlichen Gründen vor den vielen Anfragen schützen müsse und nur eine Veranstaltung pro Woche mitmachen könne. Bald darauf zog er sich völlig zurück und ließ niemanden mehr an sich heran.

## EIN GANZ SCHLIMMER FINGER

Für die damaligen SED-Genossen ist er Verräter. Als ich Lothar Bisky (verstorben im August 2013), den Vorsitzenden der Linkspartei, Ende September 2009 fragte, wie er damals auf Schabowskis Pressekonferenz reagiert habe, verlor er fast die Contenance: „Schabowski ist ein ganz, ganz schlimmer Finger! Ich bin froh, dass er jetzt in der CDU ist!"

Schabowski sei der schlimmste Chefredakteur gewesen, den das Neue Deutschland je gehabt habe. „Das war ein ganz schlimmer

Dogmatiker, bis zuletzt!" Schabowski habe die Künstler verachtet, schikaniert, verfolgt und fertiggemacht.

Ähnlich ist das Verhältnis mit Egon Krenz und anderen.

Schabowskis Originalzettel befindet sich übrigens nicht im Bundesarchiv. Offiziell gilt das Papier als verschollen. Was das Bundesarchiv aufbewahrt, ist nur das Äquivalent der vierseitigen Vorlage, die damals zusammen mit dem Arbeitsprotokoll der Politbürositzung zu den Akten gegeben worden war. Vor kurzem erklärte die Kulturorganisation der Vereinten Nationen, die UNESCO, Schabowskis Zettel zum Welterbe. Er gehört nun neben dem Zwei-plus-vier-Vertrag von 1990 zu den rund 240 Dokumenten im Weltregister „Memory of the World".

Tatsächlich befindet sich das Original im Privatbesitz eines mir namentlich bekannten Wissenschaftlers, dem Schabowski es persönlich übergeben hat.

# DIE MYTHEN
# DES RICCARDO EHRMAN

Es gibt Momente, die den Lauf der Geschichte wesentlich beeinflussen. Zum Beispiel die Fragen zur DDR-Reiseregelung auf Schabowskis Pressekonferenz vom 9. November 1989. Diese Momente sind historisch so wichtig, dass Fakten, Mythen und Ungereimtheiten streng zu trennen sind. Das gilt auch für die Fragen des ANSA-Korrespondenten Riccardo Ehrman.

Bundespräsident Horst Köhler verlieh dem italienischen Journalisten Riccardo Ehrman das Bundesverdienstkreuz am Bande und ließ es im Oktober 2008 durch den deutschen Botschafter in Madrid überreichen. Begründung für die hohe Auszeichnung: Der Korrespondent der italienischen Nachrichtenagentur ANSA habe durch seine Fragen – vor allem: „Wann tritt das in Kraft?" – Politbüromitglied Günter Schabowski auf der internationalen Pressekonferenz vom 9. November 1989 zu der Mitteilung gebracht, dass das Gesetz „sofort, unverzüglich" gelte. Somit gilt Ehrman als „Maueröffner".

Zu dieser Darstellung hat Ehrman jahrzehntelang leidenschaftlich beigetragen. Allerdings handelt es sich um eine historische Ungenauigkeit, um eine wenn auch winzige Geschichtsfälschung in einem entscheidenden Moment.

Den eigenen Angaben und zahlreichen späteren Darstellungen zufolge will Ehrman mit seiner Frage den Fall der Mauer ausgelöst haben. Seine eigene Version: „Und ich fragte: ‚Ab wann?'" Und er, Schabowski, sagte: ‚Sofort.'" Nachzulesen in unzähligen Interviews, die Ehrman seither gegeben hat.

Es trifft wohl zu, dass Ehrman das richtige Stichwort geliefert hat, als er Schabowski fragte: „Sie haben von Fehlern gesprochen. Glauben Sie nicht, dass es war ein großer Fehler, diesen Reisegesetzentwurf, das Sie haben jetzt vorgestellt vor wenigen Tagen?" Denn in den 53 Minuten seit Beginn der Pressekonferenz hatte noch niemand danach gefragt.

Es trifft aber nicht zu, dass er die – letztlich entscheidenden – Zusatzfragen „Ab wann?" und „Gilt das auch für Berlin West?" gestellt hat. Auch etliche andere Behauptungen und Ausschmückungen halten keiner Überprüfung stand.

Riccardo Ehrman wurde 1929 in Florenz geboren. Er arbeitete unter anderem für die italienische Nachrichtenagentur ANSA als Korrespondent in Kanada und in Berlin. Den Lebensabend verbringt er mit seiner spanischen Frau in Madrid. Seine ehemaligen ANSA-Kollegen haben ihn als liebenswürdigen Kollegen in Erinnerung. Aber sie wissen auch: Mit Details nimmt er es nicht immer so ganz genau. Er erzählt recht gern und viel. Fakten und Mythen entwickeln dabei ein Eigenleben. Im zwanzigsten Jahr der Maueröffnung wollte er sich offenbar in Erinnerung rufen, überraschte sogar mit einer neuen Version seiner Rolle in der Schabowski-Pressekonferenz und entlarvte sich erneut als Geschichtenerzähler der Geschichte.

## FAKTEN UND LEGENDEN

Nicht um die Verdienste Riccardo Ehrmans zu schmälern, sondern um der Mythenbildung in einem wichtigen Moment deutscher Ge-

Die Akteure der wichtigsten Pressekonferenz Deutschlands am 9. November 1989: Günter Schabowski (auf dem Podium der Zweite von rechts), ANSA-Mann Riccardo Ehrman (links auf der Kante des Podiums hockend), „Bild"-Mann Peter Brinkmann (in der ersten Reihe sitzend, den Kopf nach hinten gewendet) (Foto: Bundesarchiv)

schichte vorzubeugen, gebietet es die Chronistenpflicht, Fakten geradezurücken.

„Was Ehrman jetzt erzählt, ist totaler Quatsch", sagte Günter Schabowski später im Gespräch mit Journalisten. „Ehrman war es nicht allein, der die Dinge in Gang brachte. Die entscheidende Zwischenfrage, nämlich, ab wann das gelten soll, kam von Peter Brinkmann. Es war wirklich alles zufällig!" Brinkmann war damals DDR-Korrespondent der „Bild"-Zeitung und arbeitete später beim Berliner „Kurier".

Schabowski zog einen passenden Vergleich: „Es ist wie beim Fußball. Der eine – hier Riccardo Ehrman – schießt den Ball von der Seite in den Strafraum, und der andere – Peter Brinkmann – schießt dann den Ball ins Tor."

Schabowski kannte beide Journalisten persönlich. In der legendären Pressekonferenz saßen sie ihm so nah, dass er sie sehr gut sehen und daher genau unterscheiden konnte, wann wer welche Frage gestellt hat. Ehrman kauerte mit seinem Notizblock am Rand des Podiums, „Bild"-Korrespondent Brinkmann saß in der ersten Stuhlreihe direkt vor Schabowski.

In einem weiteren Gespräch mit der Auslandspresse wurde Schabowski von der spanischen Rundfunk-Korrespondentin Aurora Minguez, einer guten Bekannten von Riccardo Ehrman, gebeten, noch einmal genau zu erzählen, wie das damals gewesen sei, als Riccardo diese bekannte Frage gestellt habe. Zu ihrer eigenen großen Verblüffung stellte Schabowski auch hier erst einmal richtig, dass es nicht Ehrman, sondern Peter Brinkmann gewesen sei, der die auslösende Frage gestellt habe. Ehrmann habe bloß vorher das Thema Reisegesetz aufs Tapet gebracht.

Um großzügige Deutungshilfen war Ehrman aber nie verlegen: „Ich war in diesem Augenblick nicht mehr und nicht weniger als ein Werkzeug der Geschichte", sagte er. Er freue sich, einen kleinen Teil zur Wiedervereinigung beigetragen zu haben. Er habe einmal günstig in die Weltgeschichte eingegriffen. In den zahlreichen Zeitungsinterviews und Reportagen über ihn ließ er sich für „seine Hauptrolle im Schauspiel Mauerfall" und dafür feiern, dass er „der Weltgeschichte einen Schubs gegeben hat". In anderen Darstellungen hat er „der Weltgeschichte das Stichwort gegeben".

Seine Schilderungen bergen jedoch Ungereimtheiten.

Ungereimtheit Nummer eins: Ehrman will sofort nach Schabowskis Antwort auf seine Frage und noch vor dem Ende der Pressekonferenz aus dem Saal gelaufen sein. „Mir war damals sofort klar, was für Folgen Schabowskis Äußerungen haben würden." Noch vor Ende der live übertragenen Konferenz sei er an sein Telex-Gerät geeilt und habe die Nachricht von der baldigen Öffnung der Mauer an seine Zentrale in Rom für die ganze Welt abgesetzt.

Nun sehen wir uns das genauer an:

– Schabowskis Antwort auf die Frage nach den Reiseregelungen war ohnehin der allerletzte Punkt der PK. Da musste niemand rauslaufen, der Pressetermin war ohnehin zu Ende.

– Sonderbar ist auch, dass ein Journalist eine Pressekonferenz sofort verlässt, sobald eine potenzielle Sensation verkündet worden ist und sich noch ganz viele Fragen aufdrängen, deren Beantwortung er nicht verpassen möchte.

– Sonderbar ferner, wie Ehrman aus dem Saal gelaufen sein will: Er hockte aus Platzmangel an der Kante des Podiums ganz vorne. Der Ausgang des Saales befand sich ganz hinten. Dazwischen war alles blockiert mit Fernsehteams, Fotogerätschaften, Taschen, Mänteln und ganz vielen Kollegen. Da war kein einfaches Durchkommen.

– Ganz abgesehen davon, dass Ehrman leicht hinkte. Wie will er also von ganz vorne so schnell hinausgerannt sein?

– Eine weitere Arabeske: Außer ihm sei „nur ein westdeutscher Diplomat aus dem Saal gelaufen, um den Bundeskanzler zu informieren", schilderte Ehrman in Interviews.

– Entschuldigung, aber was tut ein westdeutscher Diplomat auf einer Pressekonferenz im IPZ der DDR?

– Der noch dazu gleich wegläuft, ohne weitere Ausführungen Schabowskis zur Grenzöffnung abzuwarten?

– Und der beim Verlassen des Saales einem Journalisten, sogar einem ausländischen Korrespondenten, noch schnell verraten haben will, dass er jetzt den Bundeskanzler informieren werde?

– Wobei Bundeskanzler Helmut Kohl zu dieser Zeit auf Besuch in Warschau weilte und gar nicht erreichbar gewesen wäre?

– Die nächste Ungereimtheit: Nach der Pressekonferenz sei Ehrman am Bahnhof Friedrichstraße von einem DDR-Offizier gefragt worden, ob denn das wirklich stimme, dass DDR-Bürger jetzt reisen dürften. Als Ehrman dies bestätigt habe, habe der Offizier die wartenden Menschen per S-Bahn in den Westen fahren lassen. Diese Szene mag einem kitschigen Film entnommen sein, scheint aber völlig unrealistisch.

- Ganz abgesehen davon, dass die Grenzübergänge in Berlin noch bis tief in die Nacht geschlossen waren. Der erste geöffnete Grenzübergang Berlins war der an der Bornholmer Straße, und dort wurden die Passkontrollen erst um 23.29 Uhr eingestellt und der Grenzbalken geöffnet. Der S-Bahn-Verkehr über die Grenze wurde sogar noch später aufgenommen.
- Und dass sich ein DDR-Offizier die Zustimmung für seine Maßnahme von einem italienischen Korrespondenten geholt haben soll, klingt ziemlich abenteuerlich.
- Da spielen andere Ungereimtheiten gar keine Rolle mehr. Beispielsweise will Ehrman kurz vor der Pressekonferenz vom 9. November Helmut Kohl in Dresden interviewt haben und deshalb etwas zu spät ins IPZ gekommen sein. Diese Darstellung ist interessant. Denn der damalige Bundeskanzler war zu der Zeit nicht nur nicht in Dresden, sondern nicht einmal in der DDR. Er war in Warschau. Erst am 19. Dezember 1989 war Kohl – mit seiner berühmten Rede vor den Trümmern der Frauenkirche – in Dresden.
- Und schließlich: „Ich war wohl der Einzige, der es sofort verstanden hat", sagte Ehrman in aller Bescheidenheit über die Aussagen des Günter Schabowski. „Die Kollegen haben die Sensation in all dem Kommunistendeutsch gar nicht mitbekommen." Alle Achtung vor dem Kollegen für diese schnelle Auffassungsgabe, Kompliment auch für seine Frage nach dem Reisegesetz, ohne die Schabowski womöglich das Thema ganz ausgespart hätte. Aber ohne die Nachfrage Peter Brinkmanns hätte die darauf folgende Nacht ruhiger ausgesehen.

## DAS MYSTERIUM MIT DER BESTELLTEN FRAGE

Die größte Überraschung aber lieferte Ehrman im April 2009, knapp zwanzig Jahre nach seiner Heldentat. Unzählige Male war er ausführlich zu den entscheidenden Minuten seines Lebens interviewt worden. In all den zwanzig Jahren hatte er kein einziges Mal eine Andeutung von einem mysteriösen Anruf aus der Zentrale des Allgemeinen Deutschen Nachrichtendienstes (ADN) gemacht. Im Gegenteil: Bei der Recherche des Historikers Hans-Hermann Hertle für das Buch „Mein 9. November" gab Ehrman 1999 ausdrücklich an: „Ich habe meine Frage an Herrn Schabowski nicht vorher vorbereitet, ich hatte keine Vorabinformationen." Auch in anderen Interviews sagte Ehrman: „Ich hatte nichts vorbereitet, ich wusste nicht, was passieren würde."

Im April 2009 aber verblüffte er mit einer Version, die – wäre sie wahr gewesen – durchaus eine Neuinterpretation der Vorgänge nötig gemacht hätte. Demnach habe ihm der damalige Chef der staatlichen DDR-Nachrichtenagentur ADN, Günther Pötschke, Mitglied im SED-Zentralkomitee, den Tipp für die entscheidende Frage gegeben. Pötschke habe Ehrman vor der Schabowski-Pressekonferenz aus dem „U-Boot", dem fensterlosen Konferenzzimmer des ADN-Chefs, angerufen und ihn aufgefordert, „unbedingt nach dem Reisegesetz zu fragen. Das sei sehr wichtig."

– Auf Fragen, warum er erst zwei Jahrzehnte nach der Schabowski-PK damit herausrücke, antwortete Ehrman: „Ich wollte klarmachen, dass meine Frage kein Zufall war."
– Danach begründete Ehrman sein Verhalten mit „Quellenschutz". Aus Rücksicht auf seinen Informanten wolle er dazu nichts sagen. Von der Rücksichtnahme hatte Pötschke allerdings nicht mehr viel. Drei Jahre vor der „Enthüllung", 2006, war er gestorben.
– Ausnahmslos alle, die mit Pötschke jemals beruflich zu tun hatten, halten diese Vorabinformation an Ehrman für absolut undenkbar.
– Auch der damalige Sprecher der DDR-Regierung, Botschafter Wolfgang Meyer, bestätigte mir: „Es trifft zwar zu, dass ADN-Chef Pötschke den Text des Reisegesetzes bereits vorliegen hatte, weil

ADN die Meldung um vier Uhr früh aussenden sollte." Aber er habe Pötschke bestens gekannt: „Nie hätte der einem Journalisten, selbst einem gut befreundeten, so etwas vorzeitig mitgeteilt."

Etliche Bücher über die historische Pressekonferenz und den Mauerfall inklusive Ehrman-Legenden müssten in den nächsten Auflagen korrigiert werden. Der Verein der Ausländischen Presse (VAP), anfangs sehr stolz auf sein berühmtes Mitglied, hat die Meldung vom Bundesverdienstkreuz am Bande an Riccardo Ehrman jedenfalls längst von seiner Website entfernt.

# ADN: DIE STILLSTE NACHT DER DDR-NACHRICHTENAGENTUR

Nur wenige Minuten nach der Schabowski-Pressekonferenz überschlagen sich die Nachrichtenagenturen der Welt mit Meldungen über die Grenzöffnung. Mit einer einzigen Ausnahme: die DDR-Nachrichtenagentur ADN, der Allgemeine Deutsche Nachrichtendienst mit seinen 1.350 Mitarbeitern. Der meldete über viele Stunden hinweg: nichts. Totalausfall.

Peter Heimann, junger DDR-Journalist, parkt am Abend des 9. November 1989 seinen Trabant am Gebäude des ADN in der Mollstraße beim Alexanderplatz, knapp zwei Stunden nach Schabowskis Sensation. In der Nachrichten- und Bildagentur der DDR sind 1.350 Menschen beschäftigt, die Hälfte davon Journalisten. Die Agentur, die offiziell dem Ministerrat der DDR untersteht, faktisch jedoch dem SED-Parteiapparat, hat 15 Regionalbüros sowie ein weltweites Korrespondentennetz und beliefert sämtliche Medien in der DDR.
Außer an diesem historischen 9. November.
In der ADN-Hierarchie nach knapp sieben Dienstjahren „irgendwo in der Mitte" angesiedelt, fungiert Peter Heimann als CvD im Inland, „als Redakteur, der entgegennimmt, koordiniert und Meldungen rausgibt".

Bis zum späten Nachmittag hatte Heimann noch über die Tagung des Zentralkomitees der SED berichtet. Allein das war eine Premiere: Dass der ADN aus dem politischen Machtzentrum der DDR überhaupt berichten darf, hat es nie zuvor gegeben. Ein paar ADN-Reporter saßen mit Computern, „was damals schon schwierig genug war", in den oberen Etagen. Unten vor der Tür warteten zwei weitere Kollegen. Gelegentlich kam einer raus und erzählte ihnen, was drinnen vorging. „Das wurde dann übern Sender gejagt. Das war schon was – ein klein wenig Transparenz, zum allerersten Mal! ZK-Tagungen waren ja immer komplett abgeschlossen. Heute", meint Heimann, „würde man das belächeln."

Gegen 18 Uhr verlässt er das ZK-Gebäude am Werderschen Markt, das größte Gebäude Ostberlins, heute Sitz des Auswärtigen Amts. Er fährt nach Hause in die Heinrich-Roller-Straße im Bezirk Prenzlauer Berg. „Unter die Dusche, Kaffee getrunken und das Fernsehen angemacht. Da seh ich im SFB (dem Sender Freies Berlin aus dem Westteil der Stadt), wie Robin Lauterbach irgendwo auf der anderen Seite steht, ich glaube, Bornholmer Straße. Da waren die Grenzen noch zu, aber die berichteten alle, was der Schabowski gesagt hat und dass da wohl irgendwas passieren soll."

„Als jemand mit relativ wenig Berufs- und Lebenserfahrung" – Heimann ist damals 33 Jahre alt – „sagt man sich, na ja, da passiert wieder was, ist Arbeit, gehst mal rein in dein Büro. Meine Intention war nicht: Ich mach da jetzt was Besonderes, sondern ganz banal: Da gibt es genug Arbeit, das sieht ja jeder, da muss man was tun." Seine Frau gibt ihm eine große Thermoskanne Kaffee mit. Die ADN-Kantine hat um diese Zeit geschlossen. Gegen 20 Uhr fährt er mit seinem Trabant die paar Minuten nach Mitte und stellt sein Auto beim ADN-Gebäude ab.

Was ihn dort erwartet, lassen wir ihn selbst erzählen:

„Da war ich der Einzige! Da war niemand! Da war nur der Diensthabende, Willi Wurdak, früher mal für den ADN bei den Vereinten

Das riesige ADN-Gebäude war so gut wie menschenleer (Foto: dpa)

Nationen in New York akkreditiert, später bei der DPA. Der war damals in der zweiten Ebene, also unter dem Generaldirektor. Mittlerweile ist er gestorben. Der ist also der Diensthabende. Den sprech ich darauf an, was an der Grenze passiert. Da holt er diese Meldung übers neue Reisegesetz raus, Sperrfrist vier Uhr, und sagt zu mir: ‚Das ist alles ungesetzlich, ich geh jetzt nach Hause.'

Der hat also registriert, was da passiert ist, und wollte sich an die Sperrfrist mit vier Uhr halten. Der hat sich wohl gesagt: Ich mach mich aus dem Staub."

Heimann erinnert sich genau: „Als der sagte, ‚Das ist alles ungesetzlich‘, hab ich gedacht: ‚Wie halt die DDR so war – das Offensichtliche einfach nicht zur Kenntnis genommen. So konnte er ja auch nichts falsch machen.‘"

Dann sitzt Heimann allein in der Redaktion, der Hunderte Journalisten angehören. Allein sein Großraumbüro im dritten Stock fasst 200 Leute. Nicht nur in der Inlandsredaktion, auch im Ausland ist an dem Abend niemand da. „Die hatten ja Schichtdienst, und um neun oder zehn war Schluss. Ich hab gegrübelt: Was macht man da jetzt? Was soll ich jetzt tun? Von den anderen Kollegen hat sich auch niemand gemeldet, nur einer, noch drei Jahre jünger als ich. Der meldet sich und sagt: ‚Hier ist was los, wo soll ich denn hingehen?‘ Der war ebenfalls ganz verzweifelt, dass überhaupt keiner auf die Idee kam, was zu tun.

Um das mal zu beschreiben: Ich hatte ja überhaupt keine Erlaubnis oder Befähigung, irgendetwas über den Sender zu geben. Das ging bis dahin nur bis zu einer bestimmten Grenze, Wetterbericht oder halt was Unproblematisches. Wenn man da eine Meldung rausgegeben hätte, wäre das sofort in alle Redaktionen gegangen. Aus heutiger Sicht: Bekloppt! Aber das ging halt damals nicht. Ich hatte im Kopf, wie bei starken Ereignissen, zum Beispiel Parteitag, im Großraum der Redaktion immer junge Männer rumliefen, die nicht zum ADN gehörten. Also Stasi. Man wusste das. Und man wusste, dass die zur Kontrolle da waren.

Nicht einmal in der Abteilung ‚Information‘ war jemand. Die belieferte sonst ausschließlich die Partei- und Regierungsspitze mit Berichten aus der Westpresse, alles streng vertraulich, aber auch mit Sonderberichten der DDR-Korrespondenten im Ausland. In den grünen Mappen waren Agenturmeldungen aus aller Welt. Grün war am meisten gesperrt. Das haben nur die Minister oder die ZK-Mitglieder gekriegt. Und die Stasi wahrscheinlich. Ich wusste also nicht, was passiert. Da ging einem allerlei durch den Kopf. Ob nicht plötzlich die Panzer aus Beelitz kommen, ob die Russen kommen. Das ging so zweieinhalb oder drei Stunden. Inzwischen hab ich Westfernsehen geguckt: Die Grenze ist offen – und bei uns tut sich nichts! Die ganze Zeit rührt sich niemand.

Der Rest an Journalismus, den man sich im Osten noch aufbewahrt hat, sagte in mir, du musst jetzt irgendwas machen. Gleichzeitig sprach aber eine ganze Menge von Argumenten dagegen. Es war ja nicht den Regeln gerecht. Diese Angst, dass da auf einmal jemand kommt und dich rauszerrt!

Im Lauf der Zeit – es kann schon ein Uhr gewesen sein – hab ich gesehen, hier passiert weiterhin nichts, und draußen ist alles offen. Dann hab ich eine Meldung formuliert und rausgegeben, das war die erste! Den Text der Meldung hab ich aber nicht mehr. Damals hab ich nicht daran gedacht, den aufzuheben. Es war nicht viel, vielleicht zwei, drei Sätze. Dann hab ich fünf Kollegen von uns, die ich gut kannte, angerufen und jeden zu einem anderen Grenzübergang geschickt, Bornholmer Straße und so. Die sind dann auch da hin, ohne Widerrede und ohne Bedenken. Daher hatten wir wenigstens in der Früh von überallher Berichte.

Nachts um drei oder vier hab ich den Generaldirektor angerufen. Ernsthaft: Da hab ich ihn geweckt!

Auf den Günter Pötschke kann ich aber wenigstens im Umgang mit den Kollegen nichts kommen lassen. Woanders, etwa beim „Neuen Deutschland" oder Rundfunk und Fernsehen, herrschte ein Kasernenhofton, wie man hörte. Das gab es bei uns nie. Natürlich war es politisch straff geführt. Aber viele Leute, die mal im westlichen Ausland gearbeitet haben, hatten eine gewisse Bürgerlichkeit im Umgang. Der Pötschke hat nie von oben runtergebrüllt, wie es woanders üblich war. Im ADN hatten wir nicht diese banal-kommunistische Atmosphäre, da ging es schon intellektueller und nicht so engstirnig zu.

Pötschke sagte also: ‚Komme sofort', eine halbe Stunde später war er da und hat das Kommando übernommen.

Am nächsten Morgen haben mir alle auf die Schulter geklopft. Hätt' aber auch anders kommen können. Aus heutiger Sicht ist das lächerlich. Aber damals! Das war schon ein ganz schöner Akt, auf den Knopf zum Versenden zu drücken! Man kann sich das heute gar nicht vorstellen. Alle, die Verantwortung hatten, haben gepennt. Oder wenigstens so getan, als hätten sie gepennt. Weiß man ja auch nicht ganz genau.

In den anderen Redaktionen draußen hat offenbar auch keiner was gemacht. Die haben alle gewartet. Die sind vielleicht rausgefahren, aber nirgendwo hieß es im DDR-Radio oder Fernsehen: Die Grenze ist offen. Ich weiß auch gar nicht mehr, wie wir das dann formuliert haben. Mit Sicherheit nicht: ‚Die Mauer ist auf.' Nur den Umstand, dass es so ist.

In der ADN-Meldung von 19.04 Uhr stand noch drin, alle sollten sich bei den zuständigen Ämtern den Stempel holen. Das haben auch viele Leute gemacht, die standen Schlange bei der Volkspolizei-Meldestelle.

Im Büro war ich die ganze Nacht durch. Gar nicht geschlafen. In der Früh bin ich wieder ins Zentralkomitee und hab den zweiten Tag der ZK-Tagung gemacht. Über diese Zeit habe ich mich mit Kollegen auch später nicht mehr unterhalten, und mit Vorgesetzten schon gar nicht. Waren ja alle bald weg."

Welche Rolle er da eigentlich spielte, hat Heimann erst wesentlich später bemerkt. „An den Tagen selbst war das nicht so klar, da war einfach zu viel los, alles verrückt und durcheinander. Da denkt man überhaupt nicht nach. Aus heutiger Sicht war das alles popelig. Alles war um Stunden nachgehangen. Aber daran, dass die anderen gar nichts gemacht haben, sieht man, wie angstbesetzt alles war. Bei manchen älteren Kollegen, die schlimmere Zeiten erlebt hatten, war die Angst wohl noch größer. Die haben die sechziger Jahre mitgemacht, den Stalinismus erlebt, wurden gemaßregelt. Darüber hat aber niemand geredet. Sie war schon merkwürdig, unsere Gesellschaft."

Ob durch die Maueröffnung Lücken in die Redaktion gerissen wurden wie in vielen anderen Betrieben? „Nein. Alles gute Genossen."

„Im Dezember 1989 wurde ich zum Stellvertretenden ADN-Chefredakteur gewählt, durfte für 600 Journalisten den Dienst steuern – und hatte null Ahnung. Die meisten hatten viel mehr Ahnung als ich. Da standen etliche Telefone auf meinem Schreibtisch, von denen man nicht wusste, wo sie hingehen.

Zu der Zeit wollten sich alle irgendwie persönlich freischreiben. Da gab's gar keine Nachrichten mehr, nur noch Riesentexte und Pamphlete. Das auf Normalmaß zu bringen, war Aufgabe genug. Das ging bis zum März 1991, dann gingen einige im ADN andere Wege, da haben sie mich rausgeschmissen."

Darauf folgte ein Vierteljahr Entwicklungsredaktion der „SUPERillu" bei Burda, die dann die meistverkaufte Zeitschrift Ostdeutschlands wurde. „Aber das war nix. Bevor die erste Nummer erschien, war ich wieder weg. War aber interessant. Zwei, drei gute Boulevardleute, völlig skrupellos."

Nach Bonn kam er zum ersten Mal im Frühjahr 1990, zusammen mit der Rundfunkjournalistin Annerose Srocke, der Vorsitzenden der neu gegründeten „Pressekonferenz Hauptstadt Berlin". Im Dezember 1990 übersiedelte er für die „Sächsische Zeitung" nach Bonn, wohnte anfangs bei Verwandten in Windhagen bei Bad Honnef, fuhr täglich mit dem vom Vater geborgten Wartburg übers Siebengebirge die dreißig Kilometer ins Bonner Regierungsviertel, wo er im Pressehaus am Tulpenfeld in einem winzigen Raum der Nachrichtenagentur Reuters, direkt neben dem Saal der Bundespressekonferenz, Unterschlupf fand.

„Ich habe bestimmt zwei, drei Jahre gebraucht, bis ich mich auf alles eingelassen habe. Mir hat Bonn sehr geholfen. Das war wirklich gut, alles prima. Die Bonner Kollegen waren alle freundlich und unvoreingenommen. Ich bin mit offenen Armen und ehrlicher Hilfsbereitschaft empfangen worden. Aber wir waren ja auch keine Gefahr. Ich hatte schnell Freunde, die mich sofort in Hintergrundkreise mitgenommen haben. Gewiss gab es da mal den einen oder anderen Kalten Krieger, aber das ist schnell vergessen. Fünf Jahre war ich in Bonn, seither arbeite ich für die ‚Sächsische Zeitung' als Hauptstadtkorrespondent in Berlin."

Eigentlich hatte er Außenhandel oder Außenpolitik studieren wollen, durfte es aber nicht wegen Westverwandtschaft. „Dann kannte jemand einen, ich wurde ein bisschen umgelenkt und fing beim ADN an."

---

Wie konnte es zu diesem Totalausfall des ADN in der historischen Nacht kommen?

Ralf Bachmann gehört damals zur Führungsriege, als einer der sechs Stellvertreter von ADN-Generaldirektor Günter Pötschke. Noch. Denn im Geiste bereitet er sich schon voll auf die neue Aufgabe vor: Bachmann soll vier Wochen später in der Regierung von Hans Modrow stellvertretender Regierungssprecher werden. Daher fühlt sich er sich für das aktuelle Geschehen im ADN gar nicht mehr richtig verantwortlich, auch wenn seine Plattenbauwohnung nicht weit vom ADN-Büro liegt.

So kommt es, dass er Schabowskis PK zwar im Fernsehen gesehen, aber nicht weiter darauf reagiert hat. Für ihn und seine Frau Inge, selbst Journalistin, ist es offensichtlich, dass selbst Schabowski nicht kapiert hat, was er eben gesagt hat. „Der hat den Auftrag zugeschoben bekommen und wahrscheinlich die Mitteilung dort zum ersten Mal gelesen."

Später, die Bachmanns sind längst im Bett, ruft Willi Wurdak an, ebenfalls Stellvertretender ADN-Generaldirektor wie Bachmann. „Hier ist der Teufel los", sagt der ratlos. „Die Massen strömen an die Grenzübergänge, und die Grenzübergänge sind geöffnet. Was sollen wir denn machen?" Bachmann erinnert sich: „Da konnte ich nur sagen: ‚Lassen Sie berichten.' Er wollte sich bei mir nur konsultieren. Ich war ja nicht sein Vorgesetzter." Was dann mit den Berichten geschehen solle, könne man doch am nächsten Morgen entscheiden. „Das war noch die alte Denkweise", räumt Bachmann später ein. Immerhin sei längst Feierabend, die DDR-Zeitungen seien zu. „Das ging dann also ohne Entscheidungen und ohne Zutun seinen Weg."

Inge Bachmann ergänzt: „Was da wirklich passiert ist, haben wir erst viel später im Fernsehen gesehen." Und Ralf: „Wenn wir das richtig kapiert hätten, wären wir natürlich hingefahren und hätten uns das mal angeschaut." Für ihn persönlich habe der Grenzübergang gar keinen so großen Reiz wie für andere gehabt. Er war ja früher ADN-Korrespondent in Bonn und oft im Ausland, zuletzt lange in Südamerika und auf der Heimreise noch drei Tage in Rom. „Es war auch für mich nicht in seiner Explosivität erkennbar."

„Wenn man will, war das ein Versagen aus Nicht-Begreifen. Selbstverständlich wäre es die richtige Reaktion gewesen, über ein so historisches Ereignis zu berichten und als ADN, sozusagen als Heimatagentur, die besten Berichterstatter zu sein. Das haben wir jedoch erst am Tag danach begriffen."

Bachmann grübelt noch lange nach diesem Versagen der Nachrichtenagentur: „Mir ist eigentlich nicht klar, wer damals sozusagen Chef der Nacht war. War wohl noch der Pötschke. Aber warum hat der sich nicht gerührt?" Schon zuvor hatte es Spannungen im Haus gegeben, nachdem Demonstranten bei Gorbatschows Berlin-Besuch im Oktober „ADN, hör auf zu penn'!" skandiert hatten. „Die Kolonne hatte zwar ganz andere Ziele und zog weiter; aber für uns war der Sprechchor der Weckruf." Die wöchentlichen Agitationssitzungen des Zentralkomitees mit den Chefredakteuren erlebten erstmals Ansätze von Widerspruch, auch wenn sich noch niemand energisch zu protestieren traute. Die Atmosphäre und die Personaldebatten in der letzten Agitationskommission haben Teilnehmer als richtig beängstigend in Erinnerung.

Er selbst, so Bachmann, habe sich früher kritischer verhalten als gerade in der Umbruchzeit. „Die alte Führung war weg, die neue noch nicht gefunden. Ich wollte doch, dass dieses Land bleibt. Der im Stechschritt marschierenden, ständig Feinde entdeckenden und von einem grandiosen Jubiläum zum nächsten gewaltigen Sieg vorwärtsschreitenden DDR weinte ich keine Träne nach. Aber ich liebte doch dieses Land. Es sah alles danach aus, dass nach so vielen Umwälzungen nichts von ihm übrig bleiben würde. Der geschwächten, gefährdeten, verleugneten, am Boden liegenden DDR Ende des Jahres 1989 wollte ich nicht auch noch Tritte versetzen, nur um mir einen Persilschein fürs neue Leben zu sichern."

Dem damaligen ADN-Vizechef ist die Nacht des 9. November „deshalb unvergesslich, weil ich es mir im Hinterkopf als unbegreifliches Ignorieren anlaste. Ich war zwar damals nicht zuständig, aber wenn mich schon einer, der zuständig war, fragte, hätte meine normale Reaktion sein müssen: ,Na klar, volle Rohre!' Aber so weit war ich nicht", resümiert Bachmann. „Das gestehe ich offen."

---

In den chronologischen Darstellungen über den Wettlauf der Nachrichtenagenturen am Abend des 9. November 1989 wird der ADN in einer Reihe mit den anderen Diensten angeführt. Allerdings liegt dem ein ganz großes Missverständnis zugrunde.

Reuters (19.03 Uhr) ist die erste Agentur: „Ausreisewillige DDR-Bürger können ab sofort über alle Grenzübergänge der DDR in die Bundesrepublik Deutschland ausreisen." Knapp gefolgt von der Deutschen Presseagentur (DPA) um 19.04 Uhr („Von sofort an können

DDR-Bürger direkt über alle Grenzstellen zwischen der DDR und der Bundesrepublik ausreisen.") sowie von Associated Press (AP) und anderen, die über die Ausreiseregelung mit dem Stichwort „Grenzöffnung" berichteten.

Als jedoch der ADN seine Meldung um 19.04 Uhr, zeitgleich mit der DPA, aussandte, war dies nicht wie bei den anderen Agenturen ein Bericht über die soeben zu Ende gegangene Pressekonferenz, sondern schlicht der Text, der ursprünglich mit Sperrfrist versehen war und erst um vier Uhr nachts an die Redaktionen hätte gehen sollen. Diese ADN-Meldung sagte nur, dass es ein Reisegesetz gibt, aber nicht, dass die Grenze offen steht.

Der Wortlaut der Tickermeldung:

### +++ *DIE NEUEN REISEREGELUNGEN* +++

*[19.04] Berlin (ADN) – Wie der Regierungssprecher dem ADN mitteilte, hat der Ministerrat der DDR beschlossen, dass bis zum Inkrafttreten einer entsprechenden gesetzlichen Regelung der Volkskammer folgende Bestimmungen für Privatreisen und ständige Ausreisen aus der DDR ins Ausland mit sofortiger Wirkung in Kraft gesetzt werden:*
*1. Privatreisen nach dem Ausland können ohne Vorliegen von Voraussetzungen (Reiseanlässe und Verwandtschaftsverhältnisse) beantragt werden. Die Genehmigungen werden kurzfristig erteilt. Versagungsgründe werden nur in besonderen Ausnahmefällen angewandt.*
*2. Die zuständigen Abteilungen Pass- und Meldewesen der Volkspolizei-Kreisämter in der DDR sind angewiesen, Visa zur ständigen Ausreise unverzüglich zu erstellen, ohne dass dafür noch geltende Voraussetzungen für eine ständige Ausreise vorliegen müssen. Die Antragstellung auf ständige Ausreise ist wie bisher auch bei den Abteilungen Innere Angelegenheiten möglich.*

*3. Ständige Ausreisen können über alle Grenzübergangsstellen der DDR zur BRD bzw. zu Berlin (West) erfolgen.*
*4. Damit entfällt die vorübergehende Erteilung von Genehmigungen in Auslandsvertretungen der DDR bzw. die ständige Ausreise mit dem Personalausweis der DDR über Drittstaaten.*

–––

Der ADN hatte das Monopol für Meldungen an die DDR-Medien. Die DDR-Redaktionen konnten sich darauf verlassen, dass die ADN-Meldungen von oben „abgesegnet" waren. Mit anderen Worten: Da der ADN nichts weiter aussandte, fand sich in den Zeitungen des nächsten Tages auch nichts zum Thema. Als hätte der Mauerfall nie stattgefunden.

Was wohl in den DDR-Journalisten vorgegangen sein mag, die am Tag nach der Schabowski-PK, als die gesamte Westpresse in großen Lettern die Öffnung der Grenze hinausschrie, Schlagzeilen wie vom anderen Stern produzierten:

Vierspaltiger Aufmacher im „Neuen Deutschland": „Von der 10. Tagung des Zentralkomitees: 4. Parteikonferenz der SED für den 15. bis 17. Dezember 1989 einberufen." Fast wortgleich die Aufmacher der „Jungen Welt", dem Zentralorgan der FDJ, der „Leipziger Volkszeitung", der „Lausitzer Rundschau", der „Sächsischen Zeitung" und aller anderen.

Die „Berliner Zeitung" bringt in der Wochenendausgabe vom 11./12. November 1989 mit dreispaltigem Foto den Aufmacher „150.000 Berliner: Ja zum Aktionsprogramm der SED." Erst der Zweitaufmacher widmet sich dem Ausreisethema, und zwar mit der skurrilen und irgendwie doch wieder genialen Überschrift: „Hunderttausende DDR-Bürger schauten sich Westberlin an."

# MAUERFALL

# DER 9. NOVEMBER:
# BERLIN, ICK SPINNE!

---

„Einmal auf der Mauer tanzen!" Und „Einmal mit dem Trabi auf dem Ku'damm parken!" Erst am späten Abend setzt der Sturm auf die Grenzübergangsstellen ein. Die live übertragene Ankündigung von Günter Schabowski – „sofort, unverzüglich" – entwickelt anfangs zögernd, dann rasant Eigendynamik. Eindrücke von einer Nacht voll Wahnsinn, einem Wochenende grenzenlosen Glücks.

---

„Ick spinne: Auf der Mauer sitzen und Sekt trinken!!!" Vor kurzem erst wurde der 54-jährigen Ostberlinerin der Antrag abgelehnt, ihre Tochter in Westberlin zum 20. Geburtstag besuchen zu dürfen. Erst wenn die Tochter 50 sei, dürfe sie rüber. „Und jetzt steht uns nach 28 Jahren Mauer die Welt offen!"

„Die Mauer ist weg!", schreien West- und Ostberliner im Chor, die vor dem Brandenburger Tor auf dem „antifaschistischen Schutzwall" feiern. Direkt vor dem Tor ist die Mauer nur 2,50 Meter hoch, die Obenstehenden ziehen immer mehr Leute in die Höhe. Keiner hat damit gerechnet, dass die Mauer an dieser Stelle dreieinhalb Meter breit ist. Sie dient hier gleichzeitig als Panzersperre.

Hunderttausende sind diese Nacht auf den Beinen. Der 36-jährige Michael Wolfram und der 40-jährige Michael Seeger, beide aus dem

Westteil, sind vermutlich die ersten Menschen, die mitsamt ihren Fahrrädern über die Berliner Mauer klettern – und das vor den Augen Hunderter Polizisten. Seeger, der Elektroakustiker, war noch nie im Ostteil.

Bevor die zwei mit ihren Rädern Unter den Linden stadteinwärts fahren, wo schon Westberliner Autofahrer eine Huporgie veranstalten, kalkuliert Wolfram, auf die Mauer deutend: „Mit drei Mann ist das ganze Stück hier in einem Tag weg." Wolfram ist Betonabrissspezialist.

Von beiden Seiten wird die Mauer am Brandenburger Tor überklettert. Erst gegen drei Uhr nachts haben die Volkspolizisten – auch unter Einsatz von Wasserwerfern – erreicht, dass vom Osten niemand mehr in den Westen klettert. Umgekehrt lassen sie die Menschen die ganze Nacht ungehindert rüberkommen. „Jungs, freut euch!", ruft ein Westberliner den Vopos zu. „EIN Berlin!" – „Zeit wird's", murmelt ein junger Uniformierter. Zurück müssen dann auch die Westberliner über eine offizielle Schleuse.

Stunden vorher noch undenkbar: Volkspolizisten betätigen sich als Auskunftspersonen, wo da die nächstgelegenen Durchlässe seien. Ein Offizier appelliert lautstark an die drängende Masse Neugieriger: „Benutzen Sie doch einen der freien Grenzübergänge, das ist doch bequemer, als über die Mauer zu klettern!" Nie hätte er sich zum heutigen Dienstantritt einen solchen Satz zugetraut.

Ein 43-jähriger Automechaniker hat mit seinem Hund die Mauer überwunden: „Ein Hin und Her auf der Mauer, keiner weiß, wer ein Ostler und ein Westler ist. Dass ich die Mauer stürmen kann, hatte ich mir in der Frühe nie träumen lassen!" Die Mauer sei jetzt fällig, „die Platten kann man für den sozialen Wohnbau verwenden". Unbedingt mit einem Ostberliner Taxi will er wieder nach Hause in den Westteil.

Zwei Hauptwachtmeister lassen sich ins Gespräch verwickeln. Beide sind kurz vor Dienstschluss um zwei Uhr nachts in Alarmbereitschaft versetzt und am Brandenburger Tor postiert worden. Der 25-Jährige, Vater von zwei Kindern: „Wenn man hierher unvorbereitet in Alarmbereitschaft muss, da geht einem schon einiges schwer im Kopf herum. Meine Frau wird sich jetzt auch was denken." Aber die Polizei schreitet hier nicht ein. „Wir vermeiden jede Konfrontation", sagt er, in einer der fünf Reihen stehend und trotzdem die Leute durchlassend.

## „ICH FORDERE SIE AUF, VERLASSEN SIE DIE MAUER!"

Neben dem Brandenburger Tor schallt ein Polizeimegafon in den Himmel, alle paar Minuten absetzend: „Im Interesse von Ruhe, Ordnung und Sicherheit an dieser Staatsgrenze – verlassen Sie den Pariser Platz!" Der unbebaute Pariser Platz auf der Ostseite des Brandenburger Tors gehört mit seinen militärischen Sperranlagen zum Grenzstreifen. Bis jetzt durfte den niemand betreten. „Bewohner von Berlin West: Ich fordere Sie auf, verlassen Sie die Mauer!" Pfiffe und Gejohle sind die Antwort Tausender Menschen. Keiner schert sich um die wiederholten Befehle aus den Lautsprechern.

Auch der Polizei-Hauptwachtmeister will bald einen Kurzausflug auf die andere Seite machen: „Das gilt doch für alle Bürger der DDR, und in erster Linie sind wir selbst doch auch Bürger!"

Sein 29-jähriger Kollege sagt: „Viele ältere Volkspolizisten wissen jetzt nicht, was sie denken sollen. Ich mach kein Hehl daraus: Direkt an der Mauer stehen Kampfgruppen. Da sind welche dabei, die schon am 13. August 1961 hier Dienst hatten, als der Bau der Mauer begann. Die werden sich irgendwie schwertun." Betroffen macht ihn, dass ihnen die Bevölkerung den 7. Oktober nachträgt, den Tag der brutalen Niederschlagung von Demonstranten zum Ende des 40. Jahrestags der DDR.

Das mit den älteren Polizisten hat der 22-jährige Tobias Perlick gerade selbst erlebt. Er und sein Nachbar passierten – ohne jede Kontrolle – mit dem Fahrrad den Übergang Bornholmer Straße. Die alten Vopos schauten mit versteinerten Gesichtern zu. „Das hat man gespürt, die wollten dem Ganzen am liebsten ein Ende machen." Perlick kann alles noch nicht glauben. Sein Rad ließ er im Westen stehen, kletterte herüber, dann wieder zurück, und nun ist er mit seinem Rad wieder hier.

Ein Westberliner Student ist verzweifelt. Seine Freunde wollte er überraschen, er erreicht sie nicht. „Die suchen mich wahrscheinlich selber drüben." Ein Pärchen aus Berlin-Kreuzberg kommt, es ist vier Uhr morgens, von drüben: „Was für ein total irres Feeling. Einfach so rüberklettern über die Mauer!"

An den Übergängen Bornholmer Straße und Invalidenstraße drängen die ganze Nacht Abertausende rüber. Nach dem ersten Ansturm werden die Westberliner nicht mehr mit ihren Autos in den Osten gelassen. Die wegen der Menschenmassen nur noch einspurig benutzbare Grenzstelle soll den Ostberlinern freie Fahrt ermöglichen. „Ein einziges Mal auf dem Ku'damm mit dem Trabi parken!", wünscht sich eine Frau. Kaum jemand hat Westgeld. Viele sind in Arbeitskleidung und kommen direkt aus der Spätschicht. Andere waren eben noch in der Disco, wo unentwegt der Lambada gespielt wird.

Aber in Westberlin erwartet sie ein toller Empfang – Applaus, Jubel, Bier und Sekt. Sie fallen in Gruppen in die Kneipen ein, werden eingeladen. McDonald's auf dem Kurfürstendamm öffnet in dieser Nacht noch einmal sein Lokal. Ein Ostberliner kann nicht fassen, dass ihn ein Taxifahrer mit DDR-Mark statt D-Mark zum Kurs von 1:1 chauffiert hat. Eine Frau aus dem Westen will „bloß in meine alte Heimat kieken – aber ich kann nicht, ich bin so fertig". Ein junger DDR-Bürger auf dem Heimweg: „Ich hab Koch gelernt, und die haben mir drüben gleich einen Job angeboten. Das ist ja wohl das Kurioseste!"

Der Tag nach dem nächtlichen Taumel: Freitagmittag sitzen mehr als tausend junge Leute auf der Mauer am Brandenburger Tor, feiern, diskutieren. Amerikanische und britische Hubschrauber kreisen über der historischen Szene. Viele Zehntausend DDR-Bürger passieren die Grenzübergänge, wo sie nur den Personalausweis vorlegen müssen. Der Andrang ist groß; niemand weiß, wie lange diese Ausnahmeregelung gelten wird.

## MEISTGEHASSTES SAMMELOBJEKT

Das erste Wochenende danach: „Wahnsinn!", „Schock" und „Hammerschlag" überall. Ein Wochenende lang lässt sich ganz Berlin von einer unglaublichen Stimmung tragen. „Da will man sich nur noch treiben lassen, da will keiner darüber nachdenken", resümiert ein junger Ostberliner nach der Rückkehr von der anderen Seite, wo die Leute seinen Trabant mit Sekt begossen und ausgelassen aufs Dach getrommelt haben. Er ist einer von mindestens eineinhalb Millionen Ostdeutschen, die am Wochenende durch die alten und neuen Tore und Durchbrüche kamen.

An diesem Freitag arbeitet so gut wie niemand. In den einen Betrieben wird den ganzen Tag gefeiert, in anderen heulen Frauen und Männer vor Glück – sofern sie sich nicht kurzfristig krankgemeldet haben, um sich den Lockungen des Kurfürstendamms hinzugeben, übermüdet von Tränen, Kerzen und Sektflaschen, vom Lärm der Bagger und Pressluftbohrer.

Seit 28 Jahren meistgehasst, wird die Berliner Mauer plötzlich zum begehrten Sammelobjekt. Wo die neuen Grenzübergänge herausgebrochen werden, sammeln die Zuschauer Ziegelstücke und halten sie den Vopos zum Signieren hin. Ein Arbeiter: „So sauber war eine Baustelle noch nie." Auf der kapitalistischen Seite der Mauer werden die Trümmer gleich für ein paar Mark verscherbelt.

Die Nacht von Freitag auf Samstag: Um 19 Uhr erhält der Bautrupp den Auftrag, den Grenzübergang Eberswalder (Ostseite) beziehungsweise Bernauer Straße (Westseite) zu errichten. Einen der fünf neuen Durchlässe dieses Wochenendes. Um Mitternacht geben zwei große Löcher den Blick auf den Todesstreifen frei. Wo jetzt unbewaffnete Grenzsoldaten wachen, lagen bisher Spanische Reiter und Fakirbetten.

Einer der Bauarbeiter erzählt schwer ergriffen, wie er 1961 genau hier beim Bau der Mauer mitarbeiten musste, wie er exakt an dieser Stelle seinen besten Kumpel verloren hat, der nach Überwinden der Mauer direkt auf die spitzen Eisenstifte gesprungen und verblutet ist, und wie er nun an derselben Stelle mit dem Bagger die Mauer einreißen darf.

Um ein Uhr nachts stehen ein paar Dutzend Anwohner zusammen, unter ihnen die Straßenbahnschienen der einstigen Linie 4. Die Schienen führen geradewegs in die Mauer. Pressluftbohrer dröhnen, auf der westlichen Seite entfernt ein Kran Betonplatten und ein Gestell mit Aussichtsplattform.

Ein Bauhandwerker – „Ich wurde 1933 geboren und seither immer belogen" – hätte noch am Vortag jeden für verrückt erklärt, der gesagt hätte, er würde heute die Mauer demolieren. „Aber damals, als sie gebaut wurde, wollte das ja auch kleiner glauben." Dann wird der Maurer, der zu Hause gerade ein Buch über die französische Revolution liest, pathetisch: „Ich reiße heute Nacht ein Stück deutscher Geschichte nieder."

Um 7.45 Uhr wird als letzte Absperrung eine rot-weiße Stahlplanke mit einem Trennschleifer beseitigt. Um 9.27 Uhr die Vollzugsmeldung der Nachrichtenagentur ADN: „Seit Sonnabend acht Uhr ist der Grenzübergang Eberswalder Straße im Berliner Stadtbezirk Prenzlauer Berg passierbar." Es ist der dritte dieser Nacht. Zuvor waren schon die Glienicker Brücke und der Übergang Mahlow freigegeben worden.

Am Tag danach: Mauerabriss mit Bagger in der Bernauer Straße (Foto: dpa)

Um die Mittagszeit wimmelt es von Abertausenden Menschen. Drei Straßen führen sternförmig her, drei Schlangen warten auf den Westen. Es geht überraschend schnell. Ein junger Polizist treibt die DDR-Bürger sogar an. Er fordert sie auf: „Lächeln und aussehen wie auf dem Lichtbild." Polizeihauptmann Karlheinz Kettler bestätigt, dass hier nur pro forma kontrolliert wird. „Es würde nicht auffallen, wenn einer mit dem Ausweis des Freundes durchgeht. Erst ab Montag braucht jeder ein Visum, das er aber auch sofort bekommt."

Der Kontrast könnte nicht größer sein, die Stadt droht zu kippen. Ostberlin ist leer gefegt, der Westen vollgestopft. Allein am Sonntag dürften es schätzungsweise eine Million Menschen sein, die in den Westen strömten. In Sonderzügen und Sonderbussen kommen die Leute aus Dresden, Leipzig, Magdeburg und Karl-Marx-Stadt, viele sogar stehend in Güterwaggons.

In den grenznahen U- und S-Bahn-Stationen kann man nicht einmal mehr aussteigen. Der Bahnsteig ist so gerammelt voll, dass man die Waggons nicht verlassen kann. S-Bahnhof Friedrichstraße: Für die paar Stufen vom Bahnsteig bis zum Ausgang der Haltestelle auf Straßenniveau brauche ich exakt 35 Minuten! Ein Wunder, dass nichts zusammenkracht. Körper an Körper gepresst, Kinderwagen, Gehbehinderte sind darunter, und es fällt kein böses Wort. Alle schwelgen in Glückshormonen, alle wirken gedopt.

Auf den Straßen der Westberliner City und in Kreuzberg bewegen sich die Autos nur noch im Schritttempo. „Chaos in Berlin", stöhnt ein Rundfunksprecher bloß und erspart sich die restlichen Verkehrsdurchsagen. In der Luft liegt die schwere Wolke von Zweitakter-Duft. So kann Freiheit riechen. Die Straßenränder sind vollgeparkt mit DDR-Kennzeichen. Auf den Gehsteigen rund um die Gedächtniskirche drängeln sich Zehntausende. Vor den Bankfilialen und Postämtern, in denen diesmal auch Samstag und Sonntag das Begrüßungsgeld von 100 D-Mark pro Person ausbezahlt wird, stehen kilometerlange Schlangen frierender Menschen. Aber DDR-Bürger kennen beim Schlangestehen keine Panik. „Bei uns ist das viel schlimmer", sagt ein Karl-Marx-Städter, der drei Stunden in seinem Trabi geschlafen hat und nun schon fünf Stunden vor der Bankfiliale ausharrt. Die Eroberer aus dem Osten empfinden dieses Warten „wie Karneval, Ostern und Weihnachten zusammen".

## MOMPER GEGEN „WIEDERVEREINIGUNGSROMANTIK"

Die Bürgermeister von Berlin West und Ost, Walter Momper und Erhard Krack, gelten in den Menschenmassen vorübergehend als verschollen, als sie Sonntagfrüh den Übergang Potsdamer Platz eröffnen wollen. Vor dem Krieg war hier Europas größter Verkehrsknotenpunkt mit der ersten Ampelanlage des Kontinents, während der Mauerjahre war die riesengroße Brache Teil der Grenzanlage.

Jetzt ist es der symbolträchtigste neue Übergang. Zur Leipziger Straße, einer der wichtigsten Einkaufsstraßen Ostberlins, wird eine direkte Verbindung geschaffen. „Ein historischer Moment", sagt Walter Momper im kalten Novembernebel um acht Uhr am Sonntagmorgen. Sogar Bundespräsident Richard von Weizsäcker, ehemals Regierender Bürgermeister von Berlin, probiert die neue Grenzstelle aus. Erstmals betritt er als Staatsoberhaupt das DDR-Territorium, wenigstens für ein paar Minuten in der Mittagssonne.

Wohin man auch kommt: Walter Momper ist schon da. Mit seinen beiden Bodyguards und seinem Pressesprecher Werner Kolhoff schiebt sich der Westberliner Regierungschef immer dort durch die Massen, wo das Gedränge am dichtesten ist. „Walter, Walter!", rufen die Menschen, sobald sie ihren Bürgermeister erkennen. Noch ein halbes Jahr zuvor, als er das Amt von Eberhard Diepgen (CDU) übernahm, war er an der Spree der große Unbekannte. Heute kennt ihn jeder, mit seiner Stirnglatze, dem roten Schal und seiner unverschnörkelten Sprache. Unentwegt mahnt er an diesem Wochenende zur Vernunft und warnt beschwörend davor, den Prozess der Demokratisierung der DDR durch „Wiedervereinigungsromantik" zu gefährden.

Auch außerhalb Berlins nie da gewesene Staus an der deutsch-deutschen Grenze. Für die Strecke Helmstedt braucht man bis zu 14 Stunden statt der sonstigen zwei. Um den Druck bei der Rückreise zu kanalisieren, öffnet die DDR zehn neue Übergänge an der innerdeutschen Grenze. Der erste ist Eckertal bei Bad Harzburg. Weitere sollen folgen. Bagger überfahren die Tafeln „Halt hier Grenze".

Zurück auf den Berliner Ku'damm: Ein junges Elternpaar sitzt mit zwei Kindern bei McDonald's. Zu viert teilen sie sich einen einzigen Hamburger, eine kleine Packung Pommes frites und eine kleine Cola – und sie wirken glückselig wie in der Werbung.

Ein ältliches Ehepaar will eine modern gestylte Bäckerei am Kuʼdamm betreten, entdeckt aber nicht den Eingang. Als sich durch den Sensor plötzlich die Glasschiebetüren automatisch öffnen, erschrecken die beiden und treten entmutigt den Rückzug an. Erschlagen von Buntem und Grellem, rettet sich das Paar nach nur einer Stunde Westen zurück ins gewohnte Grau.

# SCHÄMEN FÜR DIE ZONIS

Bald nach dem Mauerfall kippt die Stimmung. Ostberliner schämen sich für ihre „Zonis" aus der tiefen Provinz. Westdeutsche sorgen sich um Arbeits- und Wohnungsmarkt. Bonner Politiker warnen die DDR-Bürger vor Illusionen. In der DDR kocht das Volk vor Wut, je mehr Enthüllungen über ihre Führung ans Licht kommen.

Das erste Wochenende nach dem Fall der Mauer ist vorüber, mehr als zwei Millionen DDR-Besucher waren in Westberlin, Zehntausende Trabant-Autos gleichzeitig auf Westberlins Straßen. In den ersten Tagen und Nächten nach der Schabowski-Pressekonferenz haben sich Ost- und Westberlin innigst umarmt.

Die ersten Anzeichen sind zu sehen, zu spüren, zu hören: Die Stimmung der Berliner kippt. Und zwar die aller Berliner. Im Westen beginnt der totale Ausnahmezustand zu nerven, im Osten der Stadt ärgern sie sich über ihre eigenen Landsleute, die „Zonis", die DDR-Bürger vom tiefen Lande, die erst am Wochenende nach dem Fall der Mauer nach Berlin getuckert kommen. Die Spanne zwischen Überschwang und Verdruss wird immer kürzer.

Die Bewohner Ostberlins, die es ja sofort nach Bekanntwerden der Reisefreiheit zum Kurfürstendamm nicht weit gehabt haben, schämen sich am Sonntag bereits für ihre Landsleute „aus der DDR". Da zeigt sich der Trennungsstrich zwischen den Hauptstädtern und dem

Rest des Arbeiter- und Bauernstaates. Die Ostberliner distanzieren sich scharf von der Provinz, und umgekehrt zählen die Provinzler ihre Hauptstadt gar nicht zur DDR. Aus Sicht der Landbevölkerung kein Wunder: Berlin ist stets bevorzugt worden, es gibt mehr zu kaufen als anderswo. Auf ein Auto oder das Telefon wartet man in der Hauptstadt um ein Drittel weniger lang als „draußen".

## SCHLANGEN HIN, SCHLANGEN HER

Ostberliner äußern sich abfällig und verständnislos darüber, wie „die Zonis" stundenlanges Stehen im Verkehrsstau oder im Eisenbahnwaggon in Kauf nehmen, wie sie sich stundenlang vor den Übergangsstellen an der Berliner Mauer anstellen, wie sie auf der Westberliner Seite abermals stundenlang warten, bis sie das Begrüßungsgeld von 100 D-Mark ausgezahlt erhalten, wie sie dann damit in die Kaufhäuser drängen und kein Verständnis zeigen, wenn ein Konsumtempel immer wieder wegen Überfüllung geschlossen werden muss, und wie sie auf dem Heimweg erneut die Schlangen durchstehen.
Und wofür das Ganze? Das reizt manchen Ostberliner erneut zum Lachen: Für Seife und Billig-Deodorants, für Schokolade, Bananen und Ananas, für Stapel von Cola-Dosen oder fürs Sexkino.
Die langfristigen psychologischen Auswirkungen des Wochenendes sind noch nicht abzusehen. Besonders die Bewohner aus der Provinz, die sonst sehr kümmerlich versorgt werden, können ab sofort das Angebot in ihrem dörflichen Laden am Warenangebot des Westens messen. Eltern fürchten, dass die Kinder zu fordern anfangen. Und sie fragen sich: Warum hat man uns das alles vorenthalten?
SED-Generalsekretär Egon Krenz baut hier mit ersten Maßnahmen vor. Die in Berlin-Marzahn gelegene Lagerhalle für das am Alexanderplatz stehende „Centrum"-Warenhaus, eine Art KaDeWe auf Sozialistisch, lässt er komplett ausräumen. Der Inhalt – vom Nagel-

In Hamburg lockt die Reeperbahn: Trabis vor den Sexkinos nach dem Mauerfall
(Foto: dpa)

lackentferner bis zur Schrankwand – wird in die Dörfer geschickt,
um der dortigen Bevölkerung das Gefühl zu vermitteln, das Angebot
bessere sich endlich. Damit Handwerker endlich an lang ersehnte
Arbeitsanzüge und dringend benötigte Ersatzteile kommen, lässt
Krenz einfach die Armeebestände ausräumen.

## HELMUT KOHL UND DIE BONNER BREMSEN

Die DDR in Katerstimmung. Der Rausch vom ersten Wochenende
wirkt nach. Noch gibt es in der Masse kein anderes Gesprächsthe-
ma. Manchen genügt ja schon die Möglichkeit, künftig jederzeit zum
Bummeln und Kieken in den Westen gehen zu dürfen.
Im Westen nimmt indessen die Angst vor Arbeitsplatzverlust und
Wohnungsnot zu. Die Bonner Politiker haben schon vor dem Fall

der Mauer die DDR-Flüchtlinge vor Illusionen gewarnt. Seit Öffnung der Grenze versuchen sie eindringlich, den Übersiedlungsdrang zu dämpfen. Der anhaltende Strom von Flüchtlingen stößt in der Bundesrepublik zunehmend auf Kritik und Unverständnis.

Bundeskanzler Helmut Kohl hat noch ein paar Tage vor den ersten Mauerdurchbrüchen gemahnt, die Ausreise von Hunderttausenden DDR-Bürgern sei „keine Lösung der deutschen Frage". Arbeitgeberpräsident Klaus Murmann warnt vor Problemen auf dem Arbeitsmarkt, der nicht unbegrenzt aufnahmefähig sei. Zudem sei die Qualifikation vieler Übersiedler in der BRD gar nicht gefragt. Auch Gewerkschaftsvorsitzender Ernst Breit wird nervös: „So willkommen sie uns sind, so deutlich müssen wir ihnen sagen, dass unser Teil Deutschlands kein Paradies ist und sie hart um den wirtschaftlichen Wohlstand kämpfen müssen." Innenminister Wolfgang Schäuble verweist auf die Wohnungsknappheit im Westen. Kanzleramtsminister Rudolf Seiters meint, der Massenexodus sei weder im Interesse der Menschen noch einer vernünftigen Deutschlandpolitik. SPD-Chef Hans-Jochen Vogel appelliert, lieber zu Hause den Demokratisierungsprozess zu unterstützen und sich in der DDR selber zu engagieren.

## VORTEILE DER WESTWANDERUNG

Noch ein paar Wochen zuvor hatten die Aus- und Übersiedler als deutsches Konjunkturprogramm und Geburtennachhilfe gegolten. In den damaligen Gutachten von Wirtschaftsexperten kam unterm Strich heraus: Es lohnt sich für alle.

Die jungen Aussiedler – Durchschnittsalter 27 Jahre – gelangten „zu einem äußerst günstigen Zeitpunkt" ins Bundesgebiet, schrieben die Sachverständigen. Außerdem seien die Aussiedler statistisch um dreißig Prozent fruchtbarer und füllten damit Lücken auf, die auf dem westdeutschen Arbeitsmarkt erwartet wurden. Die Westwanderung trage zu Wachstum und Wohlstand bei, zur Stärkung der öffentlichen Finanzen, zur Stabilisierung der sozialen Sicherungssysteme, zur Verjüngung der Bevölkerungsstruktur und zu einem elastischeren Arbeitsmarkt.

Während sich im November noch Millionen von DDR-Bürgern am neuen Freiheitsgefühl, den Reisemöglichkeiten und dem westlichen Warenangebot berauschen, ringen in der ausgedünnten DDR viele Gruppen darum, das weitere Handeln nicht der alten Führung zu überlassen, sondern selbst aktiv zu bleiben. Eine veritable Gründungsphase setzt ein. Unzählige Initiativen, Kundgebungen, Engagements jeglicher Art sorgen in der Aufbruchsstimmung dafür, dass die demokratische Erneuerung nicht in ihren Anfängen stecken bleibt oder – was wieder mit jedem Tag mehr befürchtet wird – dass gar restaurative Kräfte die Reformbestrebungen zunichte machen.

## KEIN PAPIER FÜR NEUE ZEITUNGEN

Auch die Journalisten müssen in eigener Sache nachhelfen. In den Redaktionen herrschen unhaltbare Zustände, es bewegt sich zu wenig. Eine Initiativgruppe von Journalisten befürchtet, dass das angekündigte neue Mediengesetz nur halbherzig ausfällt, dass sich die Eigentumsverhältnisse nicht ändern und die ZK-Abteilung für Agitation und Propaganda (Agitprop) weiterhin die Medien gängelt. Die 41-jährige freie Journalistin Anna Leo ist drei Jahre zuvor aus der Redaktion der „Neuen Berliner Illustrierten" (NBI) ausgetreten, weil sie nicht mehr verantworten wollte, was sie schreiben musste. Mit einem Dutzend anderer Redakteure berät sie im DDR-Journalistenverband, „der sich bisher überhaupt nicht um die Belange der Mitglieder gekümmert hat", Rahmenbedingungen fürs Mediengesetz, ein Statut gegen die Willkür von Chefredakteuren und eine Art Rechtsschutz für Journalisten.

Die jetzigen Zustände in den Redaktionen des Berliner Verlags (im Hochhaus am Alexanderplatz) seien unhaltbar. „Dort werden Chefredakteure überhaupt nicht mehr akzeptiert, aber sie gehen nicht! Das macht Arbeiten unmöglich und führt zu vielen Spannungen", klagt Anna Leo. „Es läuft immer noch nach dem Prinzip der Nomenklatura, die Chefredakteure werden vom Zentralkomitee eingesetzt." In der Öffentlichkeit sei kaum bekannt, dass fast alle Zeitungen der DDR direkt oder indirekt der SED gehören, ohne dass es im Impressum aufscheine. Daran scheint sich auch jetzt nichts zu ändern. Die Gründung neuer Zeitungen, etwa eine Publikation des Neuen Forums, scheitert noch am knappen Papierkontingent. Das Neue Forum muss sich auf hektografierte Blätter beschränken, die es nur in den Kirchen verteilen kann. Um Papier zu bekommen, müsste erst eine „alte" Zeitung eingestellt werden.

Es fehlt dem Neuen Forum nicht nur die eigene Publikation, sondern auch alles andere. Die Leute arbeiten von ihren Privatwohnungen aus, Anträge auf Büroräume werden im Ostberliner Rathaus verschleppt. An einem Wochenende einen Monat nach dem Mauerfall besetzen sie in einem fast leer stehenden Hochhaus in der Mollstraße 31 drei Wohnungen, damit sie wenigstens eine Adresse haben und Sprechstunden abhalten können. Ein Telefon gibt es dort freilich nicht. Ähnlich geht es auch allen anderen Gruppierungen.

Unter vielen DDR-Journalisten geht noch immer die Angst um, dass auf Knopfdruck die Reglementierung der Presse und die totale Negierung der Wirklichkeit jederzeit wieder einsetzen könnten. Für die Unumkehrbarkeit der jüngsten Prozesse gibt es keine Garantie.

## KAMERADSCHAFTLICHE RATSCHLÄGE VOM ZK

Politbüromitglied Günter Schabowski, der neue Medienverantwortliche im ZK, habe bereits erkennen lassen, dass die ZK-Abteilung

Agitprop bestehen bleibe, sich ihr Einfluss auf die Medien aber auf „kameradschaftliche Ratschläge" beschränken werden.

Mit jedem Novembertag schlägt die anfangs euphorische Stimmung der DDR-Bevölkerung immer mehr in Wut und Empörung um. Nun – da der Hundertmarkschein des Begrüßungsgeldes längst aufgebraucht ist – arbeitet in der Volksseele die empfundene Demütigung, mit der die DDR-Bürger im Westen als Almosenempfänger auftreten müssen, weil sie der eigene Staat mit seiner weichen Währung als Bettler hinüberfahren lässt.

## BETROGEN VON DER ALTEN GARDE

Genau in diese Stimmung hinein kommen kriminelle Machenschaften der alten Garde und Privilegien ungeahnten Ausmaßes ans Licht. Eine Generation, die sich aufgeopfert hat, fühlt sich verraten und verkauft. Ihr mühsamer grauer Alltag und die jahrzehntelange Erfolgspropaganda auf der einen Seite stehen Devisenschiebereien, Waffengeschäfte und Schweizer Konten mit Milliarden D-Mark gegenüber.

Belogen und betrogen fühlen sich selbst die SED-Mitglieder. Vor allem erregt sie die Nachricht, dass führende Politiker und Staatsbedienstete stets Pistolen bei sich gehabt haben dürften.

Die Angst vor restaurativen Kräften hängt über Ostberlin wie der Smog. Beides verschlägt den Atem. Noch Wochen nach dem Mauerfall hat sich in den meisten Betrieben nichts geändert, sitzen noch dieselben Direktoren und Parteisekretäre an der Spitze. Immer noch versuchen manche Redakteure, gewisse Meldungen zu unterschlagen. Erst ganz allmählich wird unter öffentlichem Druck die Staatsanwaltschaft aktiv. Schuldfragen werden schon gestellt. Die „Wendehälse" werden mit Vorhaltungen konfrontiert, Zurücktretende aufgefordert, sich zu rechtfertigen. Die DDR erarbeitet sich selbst eine neue Identität. Zu spät. ,

# WIDERSTAND PER TAXAMETER

Die Knüppel auf die Demonstranten nach den 40-Jahr-Feiern der DDR haben etwas Wesentliches verändert. Ostberliner Taxifahrer haben auf der Straße mitbekommen, was passiert ist. Sie haben es per Taxifunk an alle Kollegen weitergemeldet. Das hatte Folgen. Nicht für die Taxifahrer, sondern für die Obrigkeit.

In Ostberlin ein Taxi zu ergattern, war stets ein abendfüllendes Abenteuer. Erstens: Es gab seit jeher zu wenig Taxis in der DDR. Zweitens wurden wegen der – wie in Planwirtschaften üblich – geschönten Zahlen keine neuen Wagen zugelassen. Drittens hatten sich schon spürbar viele Fahrer in den Westen abgesetzt. Und viertens protestierten die Taxifahrer auf ihre Art gegen Staat und Partei: Sie ignorierten bestimmte Fahraufträge. Unter ihren Tricks hatten freilich auch die westlichen Besucher zu leiden.

Taxifahrer hatten in der DDR einen Traumjob. Heute stehen sie in langen Schlangen und warten auf Fahrgäste. Damals standen die Fahrgäste in langen Schlangen und warteten aufs Taxi. Am Bahnhof Friedrichstraße hatte die Warteschlange ein Ausmaß, aus dem sich eine voraussichtliche Wartezeit bis zu mehreren Stunden (!) hochrechnen ließ. Es gab zwei mögliche Alternativen. Entweder erwischte man ein Schwarztaxi oder man ging – als Nicht-DDR-Bürger – in ein Devisenhotel und orderte dort mithilfe der Rezeption.

Die Schattenwirtschaft mit den Schwarztaxis war geduldet, solange man keinem echten Taxifahrer vom VEB Kombinat Berliner Verkehrsbetriebe (BVB) einen Fahrgast wegschnappte und solange man von den Kunden kein Fahrgeld verlangte. Die zahlten freiwillig, manchmal sogar viel, manchmal aber auch gar nichts. Oder man betrat ein Devisenhotel, ging zur Rezeption und ließ ein Taxi bestellen. Man musste ein kleines Formular ausfüllen, bekam eine Wartenummer, nahm in der Hotellobby Platz und wartete, bis man aufgerufen wurde.

Insgesamt war Taxifahren sowohl für die offiziellen als auch für die inoffiziellen Fahrer recht einträglich.

Nach dem 7. Oktober 1989 war aber alles anders als vorher. Die massive Abneigung der Fahrer gegen die Obrigkeit war Ergebnis des brutalen Vorgehens der Polizei bei den friedlichen Protestkundgebungen zum DDR-Jubiläum. Was manche Fahrer in der Nacht mit eigenen Augen gesehen haben, machte per Taxifunk blitzschnell die Runde (siehe das Kapitel „Gummiknüppel zum Geburtstag").

Abgesehen von einigen SED-Genossen boykottierten viele Ostberliner Taxifahrer sämtliche Adressen, die mit dem Staat oder der Sozialistischen Einheitspartei (SED) zu tun hatten. Sie fuhren keine Ministerien an, holten niemanden von der Staatssicherheit ab, ignorierten Anfragen der Volkspolizei und ließen SED-Funktionäre warten. Winkte am Straßenrand ein Uniformierter, hielt kein Taxifahrer an. Wurde über Funk eine offizielle Adresse durchgegeben, meldete sich niemand.


## DER TRICK MIT DER VORBESTELLUNG

Die Funktionäre bemerkten natürlich rasch, wie sie geschnitten wurden. Sie gingen deshalb dazu über, für den gewünschten Termin einen Wagen vorzubestellen. Das konnte die Funkzentrale nicht ablehnen. Nach ein, zwei erfolglosen Aufrufen einer offiziellen Adresse hörten die Taxifahrer dann eine Bestellung zum „Metropol" oder „Palasthotel", eines der teuren Hotels für die Devisenbringer aus dem NSW, dem Nichtsozialistischen Wirtschaftsgebiet.

„Da fallen aber nur die Anfänger drauf rein!", lachte ein Fahrer. Denn sobald ein Kollege die Bestellung annahm, war seine individuelle Taxinummer erfasst. Auch wenn er feststellte, dass die Hotelanfrage nur ein Trick der Funkzentrale war und er nun doch ein Ministerium anfahren musste, er konnte nicht mehr zurück. „Wer da schon identifiziert ist und trotzdem nicht kommt, muss fürchten, dass er vom Auto genommen wird", schilderte der Fahrer die Konsequenzen.

## DER TRICK MIT DEN MINISTERIEN

Auch wenn die Zentrale wusste, dass ein Fahrer eben vom Hotel in Richtung Grenzübergang Checkpoint Charlie unterwegs war, dann forderte sie den Chauffeur auf, gleich ins nahe gelegene „Haus der Ministerien" (heute: Bundesfinanzministerium) in der Leipziger Straße zu fahren. Um das zu vereiteln, hatten die Taxifahrer eine Standardausrede parat: Sie hätten noch einen zweiten Fahrgast im Auto, der weiter möchte.

## DER TRICK MIT DEN DEVISENHOTELS

Mit der Einstellung „Darauf fallen wir nicht rein" passierte es freilich zunehmend, dass Taxibestellungen in die Devisenhotels nicht anders behandelt wurden als eine Bestellung direkt in die Stasi-Zentrale. Da half den Westgästen dann auch kein Trinkgeld für den „Portugieser", wie der Hotelboy genannt wurde. Selbst der hatte keinen Einfluss. Waren die Taxifahrer also vor dem Fall der Mauer durchaus Träger

Der Taxifunk spielte eine politische Rolle gegen die Obrigkeit, Bahnhof Friedrichstraße (Foto: dpa)

des Widerstands gegen Offizielle und gegen Stasi, so war es nach der Wiedervereinigung genau umgekehrt. Dementsprechend verkehrte sich zur Wende das Image der Berliner Taxifahrer rapid ins Gegenteil.

Vor der Wende war die Wahrscheinlichkeit hoch, dass man einen oppositionell eingestellten Taxifahrer erwischte, und nach der Wende war die Wahrscheinlichkeit hoch, dass man einen ehemaligen Stasi-Mann als Fahrer erwischte.

Wie kam das? Viele Hundert, angeblich sogar Tausende von arbeitslos gewordenen Mitarbeitern des Ministeriums für Staatssicherheit machten den Taxischein. Nach dem Mauerfall ist die Zahl der Taxiwagen von 5.000 auf 8.000 gestiegen. Die nach der Wende noch aktive Ostberliner Verwaltung ließ an einem einzigen Tag tausend

Taxis zu – vielfach zugunsten von Stasi-Leuten. Zu dieser Zeit kursierte das Bonmot über den Vorteil, einen Ex-Stasi-Mitarbeiter als Taxifahrer zu haben. Man müsse nur den eigenen Namen sagen, und schon wisse der Fahrer, woher man sei und wohin man wolle.

Was für ein Abenteuer es war, nach dem Fall der Mauer mit einem Ostberliner Taxi nach Westberlin und mit einem Westberliner Taxi nach Ostberlin zu fahren, also jeweils in eine Terra incognita in derselben Stadt, davon im nächsten Kapitel.

# MONDLANDSCHAFT UND MAUERSPECHTE

Das halbe Berlin als Terra incognita: Für die Westberliner war die Ost-, für die Ostberliner die Westseite unbekanntes Land. Die ersten Mauerdurchbrüche begleitete nicht nur das „Toktoktok" der Mauerspechte, sondern vor allem das Gefühl von Mondlandschaft. Nach dem Fall der Mauer: Zwei Millionenstädte in einer Stadt – und keine Orientierung.

Hätte es damals schon Navigationsgeräte in den Autos gegeben, sie wären kollabiert. Oder die Fahrer hätten sie verzweifelt aus dem Fenster geworfen. Navis wären auch später kaum geeignet gewesen für die Mondlandschaften einer Metropole, in der sich Straßenführung und Straßennamen ständig änderten.

Wer nach dem Fall der Mauer das echte Abenteuer suchte, musste sich schlicht in den Verkehr auf der anderen Seite stürzen. Musste sich vortasten in der unbekannten Stadthälfte, immer neue Durchbrüche verarbeiten, immer neue Wege über den geräumten Todesstreifen wagen, neue Routen zwischen den Bezirken ausprobieren. Täglich wechselten die geografischen Zusammenhänge, täglich änderten sich Straßennamen. Zwei Welten sollten wieder zu einer Metropole zusammenwachsen.

Täglich kamen Tausende Mauerspechte aus Berlin und der ganzen Welt und besorgten sich kleine Betonteile als Souvenir. Hammer und Meißel waren für den spezialgehärteten Stahlbeton oft zu schwach, Juni1990. (Foto: dpa)

Ich war auch nicht der Einzige, der lange brauchte, sich daran zu gewöhnen, dass man für den deutsch-deutschen Grenzübertritt keinen Reisepass und keinen grünen DDR-Korrespondentenausweis mehr benötigte.

## LOTSE FÜR DIE TAXIFAHRER

Noch lange nach dem Fall der Mauer musste der Fahrgast selbst den Taxifahrer im fremden Stadtteil an sein Fahrtziel lotsen. Sofern ein Taxler überhaupt bereit war, auf die jeweils andere Seite zu fahren.

Anschließend musste man ihm erklären, wie er wieder auf sein gewohntes Terrain zurückfindet.

Um zu wissen, ob und wo Nachhilfe gefragt sein könnte, musste man den Fahrer fragen, ob er aus West- oder Ostberlin stamme. Dazu bedurfte es aber des Fingerspitzengefühls. Westberliner antworteten: „Westberliner." Betonte einer: „Ich bin Berliner!", war er Ostberliner. Viele Westberliner Taxifahrer weigerten sich lange Zeit, in den Osten zu fahren. Und umgekehrt. Die Fahrer hatten Angst vor Anfeindungen der Kollegen von der anderen Seite. Oder sie fürchteten, das Fahrtziel zu verfehlen. Oder nachher nicht mehr zurückzufinden. Und keine Chance auf Kunden für die Retourfahrt zu haben. Westberliner Taxler wollten natürlich keine DDR-Mark akzeptieren und hatten überdies Angst, drüben kein Benzin zu bekommen. Einige lehnten aber sogar aus ideologischer Überzeugung Ostfahrten ab.

Die Taxifahrer mussten sich komplett umstellen. Die Ostberliner, die nur elf Stadtbezirke gewohnt waren, bekamen in Westberlin zwölf Bezirke dazu. Und die Westberliner Fahrer mussten sich mit den elf Bezirken im unbekannten Osten vertraut machen. (Viel später wurden die 23 auf insgesamt 12 Bezirke reduziert.)

## ÜBER NACHT 13.000 STRASSEN

Plötzlich mussten sie 13.000 Straßen lernen und sich daran gewöhnen, dass die größte Ost-West-Ausdehnung des Stadtgebiets 45 Kilometer und die Ausdehnung in Nord-Süd-Richtung 38 Kilometer beträgt. Taxischein-Neulinge mussten nach dem Mauerfall praktisch zwei Millionenstädte auf einmal lernen.

Ich musste sehr aufpassen, wenn ich in die Leipziger Straße (im Osten) wollte, nicht in der Leibnizstraße (im Westen) abgesetzt zu werden.

# WESTBERLIN
## ALS WÜSTE

In den Stadtplänen der DDR-Hauptstadt war Westberlin bis 1990 als graue, gelbe oder weiße Fläche dargestellt. Terra incognita, unbekanntes Land. Da waren keine Straßen oder Plätze eingezeichnet – als wäre Westberlin unbebaute Wüste. Auf den Stadtplänen Westberlins dagegen waren beide Teile der Stadt samt Grenzverlauf dargestellt. Einreisende in die DDR durften deshalb bis zum Mauerfall keine Westberliner Stadtpläne in den Osten mitnehmen.

Täglich änderte sich die Situation, täglich kamen neue Grenzübergänge hinzu, die West- mit Ostberliner Bezirken verbanden. Es war spannend, mit meinem alten Mazda 929 mit dem blauen DDR-Kennzeichen durch die Stadt zu pflügen und den augenfälligen Umbruch im „wilden Osten" mit immer neuen Überraschungen zu erleben.

Überquerte man zwischen den 3,60 Meter hohen Betonsegmenten den ehemaligen Todesstreifen, konnte man die Anlagen noch erahnen. Von der DDR-Seite kommend, sah man zuerst die Hinterlandmauer aus Beton, dann den Streifen, zuletzt die Betonfertigteilmauern mit der aufgestülpten Betonrolle, die verhindern sollte, dass Flüchtende oben einen Halt finden.

Zwischen den Mauern befanden sich auf dem mindestens dreißig Meter breiten Streifen folgende Hindernisse, die man nach den Durchbrüchen beim Überqueren natürlich nicht mehr zu sehen bekam: Signalanlagen am Boden, die bei Berührung Alarm auslösten; ein übermannshoher „Kontaktzaun" aus Streckmetall, Stachel- und Signaldraht; teilweise Laufanlagen für Schäferhunde; ein Kolonnenweg, über den die Grenzposten abgelöst oder Verstärkung geholt wurden; Lichtertrasse zur Ausleuchtung des Kontrollstreifens und schließlich der gleichmäßig geeggte Kontrollstreifen, der Fluchtspuren verraten sollte.

# 45.000 MAUERSEGMENTE

Von den 45.000 Mauerelementen, aus denen die deutsch-deutsche Grenze in Berlin bestand, wurden tagtäglich welche abgebaut. Wo es bis zum Mauerfall nur 13 Straßengrenzübergänge, vier Bahn- und acht Wasserstraßengrenzübergänge zwischen Ost- und Westberlin gegeben hatte, wurden nun immer mehr Schlupflöcher über die Grenze frei.

Zwischen der Wahnsinnsnacht vom 9. November 1989 und der Einführung der D-Mark am 1. Juli 1990 gab es bereits mehr als hundert grenzüberquerende Straßen über den Todesstreifen. Dass nicht nur Durchbrüche geschaffen, sondern die komplette Mauer abgetragen werden sollte, beschloss die Volkskammer erst am 27. November 1989.

Bis die innerstädtische Grenzanlage abgebaut war, verging ein ganzes Jahr. Die Grenze um Westberlin war ja insgesamt 156 Kilometer lang, davon 44 Kilometer zwischen den beiden Stadthälften und 112 Kilometer zwischen Westberlin und dem Bezirk Potsdam. Erst 1992 war sie auch im Berliner Umland fast vollständig abgebaut.

Als ginge den Souvenirjägern der Abbau nicht schnell genug voran, halfen „Mauerspechte" in Kleinarbeit nach. Das „Toktoktok" mit Hammer und Meißel ging Tag und Nacht. Findige verkauften Betonteilchen an Touristen oder vermieteten ihnen gleich die Werkzeuge zum Selberklopfen. Da die Mauerstücke bunt besprayt waren, mussten Touristen den Eindruck haben, die Mauer sei ein Dorado für Künstler gewesen. Das traf aber nur für die Westberlin zugewandte Mauerseite zu. Die Hinterlandmauer auf der DDR-Seite aber wurde erst im November 1989 zur Leinwand (Siehe East-Side-Gallery).

Wie gründlich die Mauerspechte werkten, sieht man heute noch an den Betonelementen in der Niederkirchstraße zwischen Wilhelmstraße und dem Martin-Gropius-Bau in Berlin-Mitte (neben dem

Potsdamer Platz). Auch die Beobachtungstürme verloren ihre Schrecken; fast alle wurden mit der Zeit demontiert, manche stehen nun unter Denkmalschutz.

## HUNDERTE STRASSEN UMBENANNT

Was die Orientierung nach der Wende noch erschwert hat: Hunderte Straßen wurden umbenannt, die meisten in Ostberlin. Schnell wurde die Leninallee zur Landsberger Allee. Allein rund um meinen Wohnblock in der Leipziger Straße tat sich viel: Der Platz der Akademie wurde in Gendarmenmarkt rückbenannt, die Otto-Nuschke- zur Jägerstraße, die Johannes-Dieckmann- zur Taubenstraße, die Wilhelm-Külz- zur Markgrafenstraße.

Die Mohrenstraße, damals Sitz des Internationalen Pressezentrums der DDR (IPZ), blieb vorerst unverändert. An der Straßenbezeichnung rieben sich immer wieder politisch besonders Korrekte, die Mohr mit Neger und Kolonialismus gleichsetzten und den Straßennamen auf eine Porzellanmalerin ändern wollten. Für die Verleger von Stadtplänen waren es aufregende Zeiten. Die Landkarten trugen noch lange Zeit alte sozialistische Namen. Denn die Umbenennungen erfolgten ja nicht in einem Akt, sondern nach und nach. Das ließ die Stadtpläne schnell unaktuell werden.

Sich zurechtzufinden war also eine täglich neue Herausforderung. Man musste unentwegt (hier wortwörtlich gemeint: unent-wegt) neu peilen und adjustieren, wie nach dem Fall der Mauer und den zunehmenden Durchbrüchen die Stadt am besten zu durchqueren sei.

Dabei ist das Zurechtfinden in Berlin prinzipiell gar nicht so leicht. Verzweifeln lassen einen etwa die Mehrfachbenennungen von Straßen und Plätzen. Die Lindenstraße gibt es elf (!) Mal in Berlin, abgesehen von der Verwechslungsgefahr mit Lindenallee (vier Mal) oder Lindenweg (drei Mal). Insgesamt gibt es 1.600 „echte" Namensgleichheiten in Berliner Straßen. Nimmt man -straße, -weg, -allee oder -platz dazu, wären es noch wesentlich mehr.

## DIE „FORTLAUFENDEN" HAUSNUMMERN

Ist man einmal in der richtigen Straße gelandet, irritieren die Eigenheiten der Berliner Hausnummerierung. Berlin hat zwei Systeme parallel: Einmal die allerorts gewohnte Variante mit geraden Hausnummern auf der einen und ungeraden auf der anderen Straßenseite, und einmal die heimtückische Art der fortlaufenden Nummerierung: Auf der einen Straßenseite geht es hinauf und auf der anderen wieder hinunter, sodass die Quersumme der Hausnummern immer dieselbe bleibt.

Fortlaufende Nummerierung, auch das ist hier wortwörtlich zu verstehen: Wer dieses System nicht kennt und die Häuserfront erst rauf, dann runter abschreitet, um endlich festzustellen, das gesuchte Haus wäre doch gleich am Anfang einfach gegenüber zu finden gewesen, wird das System nie wieder vergessen.

Beispiel: der Kurfürstendamm. Bei der Gedächtniskirche beginnt er mit der Hausnummer 11 (die Nummern 1 bis 10 existieren gar nicht, sie sind in der Budapester Straße aufgegangen) und wird 3,5 Kilometer lang „fortlaufend" durchnummeriert bis Halensee. Dort springt die Zählung auf die andere Straßenseite und geht wieder ins Zentrum zurück. Wer also meint, Kurfürstendamm 224 ist „jotwede" (janz weit draußen), der irrt. 224 liegt im Zentrum nahe der Gedächtniskirche.

Damit haben Navi-Geräte jedoch weniger Probleme, als sie mit den Mondlandschaften nach der Wende gehabt hätten – wenn es damals schon welche gegeben hätte.

# BRÄUTE BEIDERSEITS DER MAUER

Türkische Frau im Westen, deutsche Freundin im Osten: Der Fall der Berliner Mauer hatte pikante Konsequenzen für viele Gastarbeiter, die sich auf die Teilung der Stadt verlassen hatten. Familientragödien, Vaterschaftsklagen und sogar Stasi-Mitarbeit: Wie sich Migranten mit der Mauer arrangiert haben.

Der türkische Familienvater – sein Name tut hier nichts zur Sache – lebt schon so lange in Westberlin, dass er sich sogar noch an die Zeit vor dem Mauerbau erinnern kann. 1961 wurde die Mauer gebaut, und als im Januar 1989 Partei- und Staatschef Erich Honecker über die Mauer sagte: „Sie wird auch noch in 50 und auch in 100 Jahren noch bestehen bleiben", war der Türke beruhigt. Sein Doppelleben schien gesichert.

Doch Honeckers Bestandsgarantie hielt nicht lange. Am 9. November 1989 fiel die Mauer. Und plötzlich stand seine Familie aus Ostberlin vor der Wohnungstür seiner Familie in Westberlin. Das Schicksal nahm seinen Lauf.

Der türkische Gastarbeiter war nicht der Einzige mit zwei Familien. Türken waren dabei auch nicht die einzige Nationalität, aber die häufigste. Hunderte Vaterschaftsklagen wurden nach dem Mauerfall angestrengt. Familie im Westen für die Wochentage, Freundin im

Osten fürs Wochenende: Viele Kinder im Ostteil Berlins entstammen einer solchen Konstellation.

## ERBOSTE DDR-FRAUEN

Im November 1989 wurde die türkische DDR-Botschaft laufend um Auskünfte gebeten. Auch in der Berliner Arbeiterwohlfahrt im Westen hagelte es Beschwerden von erbosten DDR-Frauen, die auf Heiratsversprechen von Westberliner Gastarbeitern reingefallen waren. In der DDR selbst wohnten nur ein paar Dutzend Türken. Die waren keine Gastarbeiter, sondern Funktionäre. Etliche gehörten der in der Türkei verbotenen „Türkischen Kommunistischen Partei" an und wurden in der DDR gefördert.

Die Gastarbeiter der DDR kamen aus sozialistischen Bruderländern wie Vietnam, Kuba, Angola und Mozambique, einige auch aus Polen. Ihr Arbeitseinsatz war zeitlich begrenzt, sie lebten ohne Kontakt zur deutschen Bevölkerung in Wohnheimen, getrennt nach Geschlechtern. Sie wurden ständig kontrolliert. Wurde eine Vietnamesin schwanger, wurde sie sofort heimgeschickt. Die Vertragsarbeiter sollten gar nicht erst Deutsch lernen, damit sie sich keinesfalls integrieren.

Im Wendejahr 1989 gab es in der DDR zwischen 91.000 und 93.000 Gastarbeiter, davon 60.000 Vietnamesen. Mit dem Zusammenbruch der DDR-Industrie verloren die Gastarbeiter Job und Unterkunft und wurden nach der Wende rasch abgeschoben. Sie hatten im wiedervereinigten Deutschland keine Chance, wie Türken oder andere Gastarbeiter auf der westlichen Seite behandelt zu werden und bleiben zu können.

Dennoch war die Beziehung zwischen den Westberliner Türken und der DDR eine ganz spezielle. Viele türkische Männer nutzten das

Wie viele kleine DDR-Bürger haben einen Vater von drüben? Wie oft wurden DDR-Frauen sitzen gelassen? (Foto: Bundesarchiv)

Tagesvisum, um DDR-Frauen zu treffen. Bis Mitternacht mussten sie die DDR wieder verlassen haben, kurz nach Mitternacht durften sie erneut einreisen. Die mitternächtlichen Grenzgänger kannten einander beim Anstellen durch dieses Prozedere schon ganz gut. Jeden Monat soll es 6.000 türkische Tagesbesuche nach Ostberlin gegeben haben. Bei Grenzkontrollen wurden immer wieder Listen mit Kontaktadressen von DDR-Frauen sichergestellt.

## KONTAKTE MIT MÄDCHEN UND STASI

Was die türkischen Männer für manche DDR-Bürgerinnen richtig attraktiv gemacht hat, war die Chance, durch eine erhoffte Heirat leichter die DDR verlassen zu können. Diese spezielle Beziehung zwischen türkischen Männern und ostdeutschen Frauen blieb natürlich auch der Staatssicherheit nicht verborgen. Sie entdeckte darin eine sichere Methode, durch die türkische Connection jenen Frauen auf die Schliche zu kommen, die die DDR verlassen wollten. Die einstige Gauck- bzw. Birthler-Behörde, für die Aufarbeitung der Stasi-Unterlagen zuständig, fand vor einigen Jahren heraus, dass das Ministerium für Staatssicherheit Türken engagiert hat, um etwas über ausreisewillige Frauen, aber auch über die politischen Tendenzen und Aktivitäten der Türken in Westberlin zu verraten.

Die türkische Botschaft in Ostberlin musste sich neben den Beschwerden von enttäuschten und betrogenen Ostfrauen aber auch um ganz andere Dinge kümmern. Da kamen sofort nach dem Mauerfall findige Westberliner Türken in die Botschaft, um einen „Antrag" zu stellen. Sie wollten die Ersten sein, die in Ostberlin ihre Döner-Kebab-Stuben aufmachen dürfen. Sie wandten sich damit an ihre Botschaft, weil sie nicht wussten, wo sie sonst ihren „Antrag" deponieren könnten.

## DDR-FLÜCHTLINGE ALS KONKURRENZ FÜR GASTARBEITER

Die Öffnung der Grenzen hatte nicht nur familiäre Enthüllungen zu Folge, sondern für viele Gastarbeiter in Westberlin ernste existenzielle Konsequenzen. Tausende DDR-Bürger suchten im Westteil Arbeit. Vor allem Schwarzarbeit. Damit verdrängten sie Türken und Jugoslawen.

Es gab auch Fälle, in denen Gastarbeiter von ultrarechten Berlinern regelrecht eingeschüchtert und hinausgeekelt wurden: „Jetzt sind unsere Landsleute wieder da!" Nun würden die billigen Wohnungen und Arbeitsplätze für die DDR-Bürger benötigt. Viele ihrer Arbeitsplätze sind in Berlin auch deshalb weggefallen, weil die Steuererleichterungen und Subventionen des Bundes für Unternehmen, die trotz der Insellage aktiv waren, gekürzt oder gestrichen wurden. Von Kündigungen waren in erster Linie Gastarbeiter betroffen.

Dabei waren viele Türken gerade dann für die westdeutsche und Westberliner Wirtschaft angeworben worden, als der Bau der Berliner Mauer den Strom von DDR-Flüchtlingen stoppte. Die fehlten dann als potenzielle Arbeitskräfte. Für andere Gastarbeiter wie etwa Süditaliener war das eingemauerte Westberlin unattraktiv geworden. Für Arbeiter aus Anatolien war es immer noch attraktiv genug.

Das ist der Grund, warum in Berlin – im Vergleich zu anderen deutschen Städten – im Großen und Ganzen eher einfache und traditionelle, zu wenig integrierte Türken leben und die zweite und dritte Einwanderergeneration so hohe Schulabbrecher- und Arbeitslosenquoten hat.

Auf die Invasion von DDR-Bürgern nach dem Mauerfall reagierten die Türken zwiespältig: Die einen fürchteten und beschimpften die Konkurrenz aus dem Osten, andere organisierten mit alten Ford-Transportern sogar Gratisfahrten für die DDR-Bürger von den Grenzübergangsstellen auf den Kurfürstendamm oder schenkten ihnen Obst und Gemüse.

Einige Gastarbeiter ließen sich damals zwecks Existenzsicherung ihre Eindeutschung etwas kosten: Der illegale Heiratsmarkt hatte sprunghaft Hochkonjunktur. Gegen umgerechnet 2.500 bis 5.000 Euro retteten sich Gastarbeiter in eine Scheinheirat mit einer Deutschen. Die Scheidung war jeweils für spätestens anderthalb Jahre später vereinbart.


## WIENER ZEITUNGSENTE MIT 80.000 CHINESEN

Eine Peking-„Ente" der besonderen Art lieferte im Herbst 1989 die österreichische Zeitung „Der Standard". Sie veröffentlichte einen

Bericht ihres Berliner Mitarbeiters, wonach 80.000 Chinesen in die DDR übersiedeln würden, um die Lücken zu stopfen, die die Republikflüchtlinge hinterlassen haben. Verweise auf die Zeitungsmeldung aus Wien riefen in Ostberlin und in Bonn nur Kopfschütteln und Gelächter hervor, gab es doch schon mit den 900 Chinesen, die 1989 in der DDR lebten, jede Menge Probleme.

Die Rotchinesen arbeiteten zum Großteil in Lokomotiv- und Waggonfabriken für die Deutsche Reichsbahn. Die Unzufriedenheit dieser ausländischen Arbeitskräfte war evident. Die Chinesen beklagten sich über Arbeitsbedingungen und Unterbringung, vor allem aber darüber, dass ihr Lohn in DDR-Mark ausbezahlt wurde. Die jungen Chinesen hätten viel lieber Devisen bekommen.

Die DDR-Flüchtlingswelle und die deutsche Wiedervereinigungsdiskussion fanden damals in den chinesischen Medien überhaupt keinen Niederschlag. Die Volksrepublik wollte den befreundeten Staat in keiner Weise blamieren. Genützt hat ihm das ebenso wenig wie die Stasi-Verpflichtung türkischer Liebhaber.

# WARMER WINTER,
# KALTER KRIEG: DIE ROLLE DES
# WETTERS ZUR WENDE

---

Es war ein ungewöhnlich warmer Winter, der den Kalten Krieg beendete. Das milde Wetter spielte im Wendeherbst bis hin zur Volkskammerwahl eine kaum beachtete, aber wichtige politische Rolle für die deutsche Einheit. Was wäre gewesen, wenn es nach Günter Schabowskis Mauerfall-Pressekonferenz in Strömen geschüttet hätte?

---

„Was wäre, wenn …" ist unter Historikern und unter Meteorologen keine anerkannte Kategorie. Hier aber schon, denn ich bin weder Historiker noch Meteorologe. Ich habe mich oft gefragt, wie weit das Wetter eine politische Rolle gespielt und die Wiedervereinigung entscheidend begünstigt hat. Die gesamte Wendezeit 1989/90 fiel nämlich in einen relativ sehr milden Winter.

Es gibt zwar Forschungsergebnisse und Literatur über kriegsentscheidende Auswirkungen von Wetterkapriolen in der Schlacht von Trafalgar 1805 oder der Schlacht am Trasimenischen See 217 vor Christus.

# DAS JUNKTIM WETTER UND WENDE

Aber nach Auskunft des Deutschen Wetterdientes (DWD) befasste sich niemand mit dem Junktim Wetter und Wende. „Wir wissen natürlich, dass das jeweilige Wetter immer auch einen bestimmten psychologischen Einfluss hat, beispielsweise auf das Kaufverhalten", antwortete mir der DWD auf meine Frage. „Ein großes schwedisches Möbelhaus ließ mit unserer Hilfe untersuchen, welche Wettersituation optimalen Umsatz bringt. Warum also nicht auch Einfluss auf historische Geschehnisse?"

Die Meteorologen zeichnen in Deutschland seit 1901 kontinuierlich die Wetterwerte auf. Die wärmsten Winter waren 1974/75 – und eben 1989/90. Zu Weihnachten 1989 hatte es 15 Grad. Im Februar kletterte das Thermometer mehrmals auf 20 Grad plus. Den ganzen Winter über fiel die Tageshöchsttemperatur fast nie unter null Grad. Der Winter 89/90 war so mild, dass das norddeutsche Küstengebiet eisfrei blieb.

Er war auch sehr kurz. Die Kältephase mit etwas Frost beschränkte sich auf ein paar Tage rund um den Jahreswechsel. Dank der sehr milden Meeresluftmassen fehlte eine durchgehende Schneedecke.


# IDEALES KLIMA FÜR REVOLUTIONEN

Ein ideales Wetter also für politische Umbrüche und Revolutionen, für Demonstrationen und Mahnwachen, für Regimewechsel und Entscheidungswahlen.

Jetzt wollen wir spekulieren, was bei peitschenden Regenfällen, Frost und Schneemassen gewesen wäre. Es hätte ja schon jenes extrem unwirtliche Wetter vom 9. November 2009 gereicht, als im Berliner Regierungsviertel der Staatsakt zum 20. Jahrestag des Mauerfalls begangen wurde. Es schüttete in Strömen, Zehntausende standen in Schlamm und Pfützen, die Kälte kroch in die Knochen.

Da gehörte sehr viel Überwindung dazu, den langatmigen Festreden und Chorgesängen zuzuhören und diese äußerst sonderbare Performance mit den tausend überdimensionierten Dominosteinen abzuwarten, die umzuwerfen Lech Wałęsa, der einstige Solidarność-Anführer und spätere polnische Staatspräsident, sich nicht zu schade war und die wetterbedingt mit fast einstündiger Verspätung endlich zu Fall gebracht wurden.

Was wäre also gewesen, wenn es genau zwanzig Jahre davor auch so geprasselt hätte? Wenn sich auch der originale Mauerfall wetterbedingt verzögert hätte wie zwei Jahrzehnte später das Kippen der Dominosegmente?

Nehmen wir an, am Abend der Pressekonferenz von Günter Schabowski am 9. November 1989 hätte es genauso erbarmungslos geschüttet. Vielleicht wäre der italienische Journalist Riccardo Ehrman, der damals mit Verspätung ins Internationale Pressezentrum (IPZ) gekommen war, gar nicht mehr aufgetaucht und hätte das Thema der Pressekonferenz somit nicht auf die Reisegesetze lenken können. Dann hätte der damalige „Bild"-Korrespondent Peter Brinkmann auch nicht nachstoßen können mit den Fragen, ab wann das und ob das auch für Berlin (West) gelte. Dann wäre Politbüromitglied Schabowski womöglich auch nicht dieses historische „Sofort, unverzüglich" herausgerutscht.

Unspektakulär hätte der DDR-Rundfunk ab vier Uhr morgens, dem geplanten Ablauf der Sperrfrist, die erleichterten Reisebedingungen in den stündlichen Nachrichtensendungen kundgetan.

Als die Direktübertragung der Pressekonferenz die umständliche Erklärung der Grenzöffnung in die DDR-Wohnzimmer transportierte: Vielleicht wären bei grauslichem Wetter nur ein paar Neugierige in die Bornholmer Straße gekommen. Viele hätten zwar im Fernsehen etwas von den neuen Reisebestimmungen gehört, von Polizei

Der Himmel über Europa am Abend des 9. November 1989 (Foto: Satellitenkarte: Deutscher Wetterdienst)

und Pass und Stempel, vom Wegfall der Voraussetzungen und von schnellen Genehmigungen, hätten über Schabowskis eher konfuse Mitteilungen erst nachgedacht, wären vielleicht verunsichert gewesen. Aber nur wenige hätten dies sofort als faktische Grenzöffnung interpretiert. Die meisten hätten bei unwirtlichem Wetter den Realitäts-Check wohl auf den nächsten Tag verschoben.

So wäre an der Bornholmer Straße keine Massenansammlung zustande gekommen. Die Grenzer hätten nie diesen bedrohlich anschwellenden Druck erlebt, sondern alles im Griff gehabt. Alles wäre seinen geordneten Gang gegangen. Ohne den Druck der fordernden Menschenmassen hätten sie sicher nicht aufgegeben, nicht die Grenzkontrollen eingestellt, nicht den Schlagbaum oben gelassen und somit nicht die Mauer geöffnet.

Dann hätte der Moderator Hanns-Joachim Friedrichs in den „Tagesthemen" der ARD um 22.42 Uhr nicht klipp und klar – und in gewagter freier Interpretation – sagen können: „Die Tore in der Mauer stehen weit offen." Dann wäre der Verstärkereffekt ausgeblieben, der damals nach den „Tagesthemen" Abertausende Menschen bei Nacht zur Mauer und nach drüben getrieben hat.

## KAISERWETTER
## ZUR VOLKSKAMMERWAHL

Ähnliches gilt für die Volkskammerwahl, die am 18. März 1990 bei strahlendem Sonnenschein und in lockerer Aufbruchsstimmung stattfand. Das Kaiserwetter am Wahltag krönte gleichsam die demokratische Entwicklung des Landes.

Wie wäre sie wohl ausgegangen, wenn schlechtes Wetter als Vorwand fürs Daheimbleiben gedient hätte? Erstens wussten so viele Menschen bis zum allerletzten Moment ohnehin nicht, was sie wählen sollten, zweitens gab es zum ersten Mal keine Wahlpflicht. Da hätte die Neigung zum Wählengehen dem Unwetter leicht zum Opfer fallen können.

Das zeigte sich auch im Wahlkampf: Bundeskanzler Helmut Kohl war vor der Volkskammerwahl in jeder ostdeutschen Stadt, in der er auftrat, von 150.000 bis 200.000 Bewunderern verwöhnt. In Magdeburg freilich, wo das Wetter ganz und gar nicht mitspielte, kamen nur 25.000 Personen, und selbst von denen hielt nur ein kleiner Bruchteil bis zum Schluss durch.

Vielleicht mehr als nur ein Nebenaspekt: Kohl spulte trotz Dauerregens seine anderthalbstündige Wahlrede ungekürzt ab. Das war leichtfertig: Was wäre gewesen, wenn er sich gerade da ordentlich erkältet hätte und er die Gestaltung der Wiedervereinigung und die Einführung der D-Mark hätte verschieben müssen?

# MONTAGSDEMOS BEI WETTERKAPRIOLEN?

Was wäre, wenn die Montagsdemonstrationen im Oktober 1989 infolge Sauwetters nie diese Kraft, diese Dynamik entwickelt hätten? Die Massenkundgebungen der Herbstrevolution in Leipzig, Plauen und Berlin hätten bei klirrender Kälte oder strömendem Regen ganz anders verlaufen können. Die entscheidende Leipziger Demo vom 9. Oktober hätten nicht 70.000 mitgemacht, sondern vielleicht 10.000. Genau die Zahl, die das Regime erwartet hatte. Mit den 10.000 wären die Volkspolizisten und Stasi-Leute schnell fertiggeworden. Nur die unerwartete Beteiligung der 70.000 Menschen zwang sie zur Zurückhaltung und zur Aufgabe.

Das gilt auch für die Riesenkundgebung am Alexanderplatz vom 4. November 1989. Da wären wohl nicht bis zu einer Million Menschen zusammengekommen, um sich über das Regime lustig zu machen, wenn sich Gewitterwolken über Berlin entladen hätten.

Sogar die Monate davor: Wie anders hätte sich der Flüchtlingsstrom von Ost nach West entwickelt, wenn das Wetter viel schlechter gewesen wäre? Dauerregen, Nebel, Hochwasser im Sommer oder Glatteis, Schneestürme und Schneeverwehungen im Winter?

Oder hätte die Flüchtlingswelle vielleicht sogar früher und noch massiver eingesetzt, wenn es beispielsweise wieder so einen Rekordwinter wie 1978/79 gegeben hätte? Damals hatten die Behörden und die politische Führung total versagt. Die Ausreisewilligen hätten noch eher jede Hoffnung auf Besserung aufgegeben.

Teile der DDR versanken damals infolge gefrierenden Regens unter einem dicken Eispanzer, ein 78-stündiger Schneesturm begrub den Norden unter den Schneemassen, Strommasten knickten um, die Energieversorgung brach zusammen, der Braunkohle-Abbau, von dem die DDR abhängig war, kollabierte, Förderanlagen froren ein, das Telefon versagte, die Gasherde in Hunderttausenden Haushalten gingen nicht, auch in den Krankenhäusern ging das Licht aus, Züge und Autos blieben im Schnee stecken, die Weichen froren fest, viele Städte und Dörfer waren von der Außenwelt abgeschnitten.

Eis und Schnee hätten die Versorgungslage so katastrophal gemacht, dass aus Verzweiflung über den handlungsunfähigen Staat womöglich noch viel mehr Menschen in den Westen geflüchtet wären. Hatten doch auch bloß zwei Jahre vor der Wende die Geschäfte im eingeschneiten Ostberlin nur per Straßenbahnen beliefert werden können.

## DAS INFRAROT-SATELLITENBILD VOM 9. NOVEMBER 1989

Immerhin hat der Deutsche Wetterdienst die Wetterdaten vom 9. November 1989 in manchen deutschen Städten zusammengestellt und aus seinen Archiven entsprechende Wetterkarten und Wetterberichte zu diesem Tag zusammengetragen. In Zusammenarbeit mit EUMETSAT zeigt der DWD auch ein Infrarot-Satellitenbild, das die Wetterlage in Deutschland am 9. November 1989 um 21.30 Uhr wiedergibt, als die ersten Rundfunknachrichten von offenen Übergängen berichteten und die ersten Bürger der DDR an der Bornholmer Brücke die Grenze passieren konnten und am späten Abend ohne Kontrolle in den Westteil der Stadt gelassen wurden.

Das Satellitenbild zeigt Europa an jenem historischen Tag um 20.30 Uhr Weltzeit (21.30 Uhr in Deutschland). Der Kontinent wird mit einer Auflösung von fünf Kilometern dargestellt. Das Infrarot-Bild (Quelle: Deutscher Wetterdienst, DWD) zeigt, dass Deutschland an diesem Abend weitgehend unter wolkenlosem Himmel lag. Östlich von Berlin fanden sich einige Cirren.

Ich finde es jedenfalls bemerkenswert, dass der warme Wendewinter dazu beigetragen hat, den Kalten Krieg zu Ende zu bringen und die Wiedervereinigung zu begünstigen. Es hätte ja auch alles sehr viel komplizierter kommen können.